제자훈련 지침서

1

비전의 사람

KB205860

제자훈련
지침서
1
비전의 사람

초판 1쇄 발행일 2023년 9월 1일

펴낸이 김은호
지은이 김은호

펴낸곳 도서출판 꿈미
등 록 제2014-000035호(2014년 7월 18일)
주 소 서울시 강동구 양재대로81길 39, 이노빌딩 202호
전 화 070-4352-4143, 02-6413-4896
팩 스 02-470-1397
홈페이지 http://www.coommi.org
쇼핑몰 http://www.coommimall.com
이메일 book@coommimall.com
인스타그램 @coommi_books

제자훈련
1 지침서
비전의 사람

Discipleship Training _ Person of Vision

김은호 지음

꿈이있는미래

제1권 비전의 사람(Person of Vision)에서는

이 땅에 하나님 나라를 세워 가시는 하나님의 거룩한 비전이 나의 비전이 되기 위한 필수적인 내용들을 다룹니다. 총 12주 동안 진행되며, 신앙생활의 기초부터 실제적인 삶의 영역들까지 다양하게 살펴봄으로써, 하나님 비전의 이론과 실제를 겸비한 비전의 사람으로 성장하게 될 것입니다.

제2권 성령의 사람(Person of the Holy Spirit)에서는

성령 충만한 삶이 과연 무엇이며, 이를 통해 세워지는 건강한 교회의 모습과 하나님이 원하시는 교회의 사역에 대해 살펴봅니다. 총 11주 동안 진행되는 훈련을 통해, 신약 시대 오순절 성령 강림 이후 있었던 놀라운 성령의 역사를 경험하고 전하는 여러분이 되기를 간절히 소망합니다.

본 제자훈련 교재의 핵심 주제는 신앙과 삶이 일치하는 '행동하는 그리스도인' (Acting Christian)입니다. '행동하는 그리스도인'이 되기 위해서는 하나님의 말씀과 하나님의 말씀에 반응하는 나(자아)의 마음 그리고 내가 살아가는 이 세상, 이 3가지 대상이 반드시 함께 고려되어야 합니다. 과거 하나님의 말씀에만 집중하는 성경공부 방식에서 과감히 탈피하고, 인간에 대한 이해에만 매몰되어 하나님의 말씀이 사라진 인문학적 접근에서 벗어나, 하나님의 말씀에 비추어 나(자아)의 마음을 성찰하고, 매일의 삶 속에 적용할 수 있는 실제적인 지침을 제공하기 위함입니다. 이를 위해 키워드 'ACT'라는 단어에 착안하여, 본 제자훈련 교재는 다음과 같은 프로세스로 진행됩니다.

Ask 마음속으로

Ask(마음속으로) 파트는 해당 주제와 연결되는 1-2 단락 정도의 짧은 글을 수록합니다. 이를 통해 다음과 같은 효과를 기대할 수 있습니다.

1) 문제제기

해당 주제에 대한 중요성을 인식하고, 자신의 마음과 상태를 돌아보게 됩니다.

2) 아이스브레이킹(Ice breaking)

자신의 생각을 서로 나눔으로써 소그룹의 냉랭하고 어색한 분위기를 바꾸고, 서로의 마음을 열어 깊고 자연스러운 나눔이 이루어지게 됩니다.

Connect 말씀 속으로

Connect(말씀 속으로) 파트에서는 해당 주제와 연결되는 성경의 다양한 본문 속에 담긴 하나님의 원리들을 깊이 탐구하게 됩니다. 이를 통해 다음과 같은 효과를 기대할 수 있습니다.

1) 내용 관찰

성경 본문에 대한 관찰 질문을 통해, 성경 본문의 내용에 대한 정확한 이해와 구조적인 접근을 할 수 있습니다.

2) 연구 묵상

성경 본문에 대한 연구 묵상 질문을 통해, 성경 본문에서 성경 기자가 말하고 있는 의도와 의미를 파악하고, 거룩한 영적 상상력을 발휘하여 그것을 깊이 묵상할 수 있습니다. 이를 통해, 성경이 말하는 하나님의 원리를 발견하게 됩니다.

Transform 세상 속으로

Transform(세상 속으로) 파트는 성경 본문 속에서 도출한 하나님의 원리를 삶 속에 실제적으로 적용하기 위함입니다. 이를 통해 다음과 같은 효과를 기대할 수 있습니다.

1) 적용 : Case Study

현실의 삶 속에 있음직한 실제적인 사례를 생각하고 적용해 실제 삶에서 하나님의 원리를 고민하고 씨름할 수 있게 됩니다.

2) 결단 : Planning

제자훈련을 통해 삶의 실제적인 변화를 모색할 수 있도록 결단하고, 그 결단을 구체적으로 실행할 수 있는 계획을 세울 수 있습니다.

차례

내가 만난 예수님

❶ 과제물과 "내 영혼의 거울"(개인별 점검표)을 모임 하루 전까지 총무에게 카톡 또는 메일로 제출할 수 있도록 사전에 공지

❷ 총무는 "내 영혼의 거울"(개인별 점검표)을 취합하여 반별 점검표를 작성한 후 과제물과 함께 목회자에게 제출

❸ 목회자는 모임 전에 미리 "내 영혼의 거울" 및 항목별 과제 점검

❹ 모임 시작 전, 각 개인의 영성생활을 점검해 주는 코멘트를 반드시 해 주시길 바랍니다.

1. 찬양

2. 합심기도

1) 지난 한 주간을 돌아보며, 회개의 시간을 가집니다.

2) 성령 하나님을 초청, 모임 가운데 충만하게 임재하여 달라고 간구합니다.

3) 제자훈련을 위한 분명한 소명과 은혜를 위해 기도합니다.

4) 인도자가 대표기도로 마무리를 하고 모임을 시작합니다.

3. 암송 시험

1) 한 명씩 돌아가며 제시된 두 구절을 외우도록 합니다.

① 시몬 베드로가 대답하여 이르되 주는 그리스도시요 살아 계신 하나님의 아들이시니이다 마 16:16

② 사도들은 그 이름을 위하여 능욕 받는 일에 합당한 자로 여기심을 기뻐하면서 공회 앞을 떠나니라 그들이 날마다 성전에 있든지 집에 있든지 예수는 그리스도라고 가르치기와 전도하기를 그치지 아니하니라 행 5:41-42

4. 과제 점검

1) "내 영혼의 거울" 중심으로 과제를 점검합니다.

2) 첫 시간이니, 각 훈련생마다 영성생활을 점검해 줍니다. 부족한 부분은 잘할 수 있도록 동기부여를 해 줍니다.

5. 삶 나눔 및 생활숙제 나눔

1) 지난 한 주 동안 있었던 즐거웠던 일, 슬펐던 일 등 한 주간의 이슈를 나눕니다.

※ 슬프거나 안타까운 일을 들었을 때, 성령님의 인도하심에 따라 바로 합심 기도를 해도 좋겠습니다.

6. Q.T 나눔

1) 정해진 본문에 따라 묵상해 온 것을 함께 돌아가며 나누도록 합니다.

2) 시간을 고려하여 정해진 몇 명만 나눠도 괜찮습니다. 다음 주에는 나누는 인원이 겹치지 않고 골고루 나눌 수 있도록 유도합니다.

7. 독후감 나눔

1) 다음 주 수업 전까지 필독서 『제자도』(존 스토트 저)를 읽고 독후감을 제출하도록 안내합니다.

그리스도인은 예수님과의 분명한 만남이 있는 사람입니다. 우리는 제자들처럼 직접 예수님을 만나지 못했지만, 말씀 가운데 예수님을 인격적으로 그리고 영적으로 만난 사건이 있을 것입니다. 그 중생의 체험이 지금 우리에게 증인의 삶을 향한 도전을 줍니다. 오늘 진행되는 주제를 통해 증인으로서의 정체성과 삶을 분명히 하는 시간이 되길 원합니다.

Connect 말씀 속으로

1 예수님이 제자들에게 하신 질문은 무엇입니까? 언제, 어디서 이 질문을 하셨습니까? (마 16:13, 15)

> **13** 예수께서 빌립보 가이사랴 지방에 이르러 제자들에게 물어 이르시되 사람들이 인자를 누구라 하느냐
>
> **15** 이르시되 너희는 나를 누구라 하느냐

- **질문** : 사람들이 나를 누구라고 하느냐?
- **언제** : 빌립보 가이사랴 지방에 이르렀을 때

- **어디서 :** 갈릴리 바다 북쪽 해안의 아름다운 장소인 가이사랴 빌립보는 헐몬산 기슭, 벳새다에서 북쪽으로 25마일(40km)가량 떨어진 곳에 위치해 있습니다. 이 도시는 빌립(헤롯 안디바의 동생, 눅 3:1)의 통치를 받는 지역이었습니다. 이 도시는 유대 문화권이 아닌 헬라와 로마 문화에 영향을 받고 있었으며, 헬라 신들에 대한 숭배와 고대의 신인 판(Pan)에게 봉헌된 신전들로 유명한 곳이었습니다. 빌립이 통치자가 되었을 때, 그는 도시를 재건하고 로마 황제 가이사 디베료(Caesar Tiberius)와 자신의 이름을 따서 이름을 붙였습니다.

- **예수님은 왜 이 지역에서 이런 질문을 하셨을까요?**
이 지역은 굉장히 발달한 경제와 문화의 중심지였으나, 역사적으로 우상 숭배가 흔했던 지역이었습니다. 제자들이 눈에 보이는 화려한 세상 문화와 우상에 충분히 마음이 흔들릴 수도 있는 상황이었습니다. 그렇기 때문에 화려하고 혼탁한 세상에서 살아가는 제자들이 예수님을 어떤 분이신지 정립하는 것이 필요했습니다.

2 당시의 사람들은 예수님을 누구라고 생각하고 있습니까? (마 16:14)

> **14** 이르되 더러는 세례 요한, 더러는 엘리야, 어떤 이는 예레미야나 선지자 중의 하나라 하나이다

▸ 세례 요한, 엘리야, 예레미야나 선지자 중의 하나라고 생각함

– 왜 당시의 사람들은 예수님을 여러 선지자 중의 하나라고 생각했을까요?

헤롯에 의해 죽임을 당한 세례 요한이 살아난 것으로 생각하기도 했으며(마 14:1-2[1]), 말라기 4장 5절[2]에 보면, 메시아가 오시기 전에 엘리야와 같은 사람이 올 것이라고 기대하고 있었기 때문에 예수님을 엘리야로 생각하기도 했습니다. 그리고 예레미야라고 생각한 이유는 유대 전설에 따르면 예레미야는 '불사의 인물'이었기 때문입니다. 따라서 예수님을 세례 요한, 엘리야, 예레미야로 여겼던 것입니다. 이들의 대답도 나름대로 개연성을 가지고 있었지만 정확하지는 않았습니다. 사람들은 예수님의 진정한 신분을 인식하지는 못하고 있었습니다. 즉 예수님이 하나님의 아들이신 메시아라는 것을 깨닫지 못하고 있었습니다.

3 예수님이 제자들에게 다시 질문하셨을 때 베드로는 어떻게 대답했습니까? (마 16:16)

> **16** 시몬 베드로가 대답하여 이르되 주는 그리스도시요 살아 계신 하나님의 아들이시니이다

---

1) **1** 그 때에 분봉 왕 헤롯이 예수의 소문을 듣고 **2** 그 신하들에게 이르되 이는 세례 요한이라 그가 죽은 자 가운데서 살아났으니 그러므로 이런 능력이 그 속에서 역사하는도다 하더라
2) 보라 여호와의 크고 두려운 날이 이르기 전에 내가 선지자 엘리야를 너희에게 보내리니

‣ 주님은 살아 계신 하나님의 아들 그리스도이시다

– 그리스도의 의미는?

'그리스도'라는 단어는 히브리어인 '메시아'를 헬라어로 표현한 것이며, '기름부음 받은 자'라는 의미입니다. 구약에서는 왕이나 제사장, 선지자에게 기름을 부었는데, 이는 백성의 지도자로 세운다는 뜻이었습니다. 따라서 주는 '그리스도'라는 고백에는 예수님이 나의 삶의 참 주인이자 나를 다스리시는 왕이시요, 하나님께로 나아갈 수 있는 유일한 제사장이시요, 하나님의 뜻을 온전히 알게 해 주시는 선지자라는 의미가 담겨져 있습니다.

– 살아 계신 하나님의 아들이란?

빌립보 가이사랴 지방에 있는 우상들은 죽은 신들이지만, 하나님은 살아 계신 유일한 전능자이십니다. 하나님의 아들이라고 함은 곧 예수님도 하나님이라는 고백입니다. 유대인들의 사고 속에는 하나님은 유일신입니다. 그렇기 때문에, 예수님 스스로가 하나님이라고 말씀하시자, 유대인들은 신성모독이라고 하며 돌로 치려고 했던 것입니다(마 26:63-65[3]). 그런데 유대인인 베드로가 이렇게 고백한 것은 진정한 신앙고백이 아닐 수 없습니다.

---

3) **63** 예수께서 침묵하시거늘 대제사장이 이르되 내가 너로 살아 계신 하나님께 맹세하게 하노니 네가 하나님의 아들 그리스도인지 우리에게 말하라 **64** 예수께서 이르시되 네가 말하였느니라 그러나 내가 너희에게 이르노니 이 후에 인자가 권능의 우편에 앉아 있는 것과 하늘 구름을 타고 오는 것을 너희가 보리라 하시니 **65** 이에 대제사장이 자기 옷을 찢으며 이르되 그가 신성모독 하는 말을 하였으니 어찌 더 증인을 요구하리요 보라 너희가 지금 이 신성모독 하는 말을 들었도다

4 당신은 예수님이 누구라고 생각합니까? 베드로처럼 당신의 언어로 신앙을 고백해 보십시오.

1과가 시작하기 전에 인도자는 간증문을 써 오라고 과제를 줍니다. 준비해 온 간증문으로 한 사람당 5분 내외로 "예수 그리스도"에 대한 신앙 고백을 나눕니다. 간증문을 미리 준비하지 않으면 사람마다 간증이 너무 길어지거나 짧아져서 시간을 관리하기가 쉽지 않습니다. 또한 훈련생 전체가 매 모임 시간마다 간증을 나누면 시간이 너무 오래 걸리니, 매 시간마다 2~3명씩 나눌 수 있도록 합니다.

5 베드로는 이 신앙 고백 이후에 예수님과 함께 사역했습니다. 그러나 위험한 순간이 찾아오자 예수님을 부인했습니다. 그 내용은 무엇입니까? (마 26:69-75)

69 베드로가 바깥 뜰에 앉았더니 한 여종이 나아와 이르되 너도 갈릴리 사람 예수와 함께 있었도다 하거늘 **70** 베드로가 모든 사람 앞에서 부인하여 이르되 나는 네가 무슨 말을 하는지 알지 못하겠노라 하며 **71** 앞문까지 나아가니 다른 여종이 그를 보고 거기 있는 사람들에게 말하되 이 사람은 나사렛 예수와 함께 있었도다 하매 **72** 베드로가 맹세하고 또 부인하여 이르되 나는 그 사람을 알지 못하노라 하더라 **73** 조금 후에 곁에 섰던 사람들이 나아와 베드로에게 이르되 너도 진실로 그 도당이라 네 말소리가 너를 표명한다 하거늘 **74** 그가 저주하며 맹세하여 이르되 나는 그 사람을 알지 못하노라 하니 곧 닭이 울더라 **75** 이에 베드로가 예수의 말씀에 닭 울기 전에 네가 세 번 나를 부인하리라 하심이 생각나서 밖에 나가서 심히 통곡하니라

‣ 베드로가 예수님을 부인, 저주까지 함

베드로가 사람들 앞에서 예수님을 세 번이나 부인하는데, 마지막에는 저주까지 하며 부인하는 모습이 기록되어 있습니다. 마태복음 16장의 성령 충만한 모습과는 너무나도 대조되는 모습을 보여 주고 있습니다.

6 당신도 베드로처럼 예수님을 부인한 적이 있습니까?

이 질문은 죄책감이나 정죄감에 빠지게 하기 위함이 아닙니다. 베드로처럼 우리도 예수님을 부인할 수 있는 충분히 연약한 존재임을 기억하는 것이 더 중요합니다. 인도자 자신부터 그런 경험이 있다면, 솔직하게 나누어 보도록 합시다.

7 베드로는 과거에 예수님을 부인했지만, 변화를 받은 후에는 많은 사람에게 당당히 예수님을 증거했습니다(행 2:14-36). 무엇이 베드로를 변화시켰습니까? (행 2:1-4; 참고. 행 1:8)

행 2:1-4 1 오순절 날이 이미 이르매 그들이 다같이 한 곳에 모였더니 2 홀연히 하늘로부터 급하고 강한 바람 같은 소리가 있어 그들이 앉은 온 집에 가득하며 3 마치 불의 혀처럼 갈라지는 것들이 그들에게 보여 각 사람 위에 하나씩 임하여 있더니 4 그들이 다 성령의 충만함을 받고 성령이 말하게 하심을 따라 다른 언어들로 말하기를 시작하니라

행 1:8 오직 성령이 너희에게 임하시면 너희가 권능을 받고 예루살렘과 온 유대와 사마리아와 땅 끝까지 이르러 내 증인이 되리라 하시니라

▸ 성령 하나님

베드로는 예수님께서 약속하신 성령님의 강력한 임재를 경험하게 됩니다. 베드로는 과거 여종 앞에서도 예수님을 부인했던 연약한 존재였지만, 성령의 충만함을 받아 유대인들 앞에서 담대히 예수님을 증거하는 삶을 살게 됩니다. 이는 오직 성령님이 역사해 주실 때만 가능한 변화입니다.

8 성령으로 변화 받은 베드로는 자신의 신앙을 어떻게 고백했습니까? (행 2:31-32, 36)

> **31** 미리 본 고로 그리스도의 부활을 말하되 그가 음부에 버림이 되지 않고 그의 육신이 썩음을 당하지 아니하시리라 하더니 **32** 이 예수를 하나님이 살리신지라 우리가 다 이 일에 증인이로다
> **36** 그런즉 이스라엘 온 집은 확실히 알지니 너희가 십자가에 못 박은 이 예수를 하나님이 주와 그리스도가 되게 하셨느니라 하니라

▸ 담대히 예수님의 부활을 증거함

베드로는 예수님의 부활을 담대히 증거합니다. 그런데 중요한 사실은 예수님을 십자가에 못 박은 장본인들인 유대인들 앞에서 전했다는 것입니다. 과거 예수님을 세 번이나 부인하고 저주했던 베드로가 이제는 성령의 힘으로 어느 누구 앞에서도 두려워하지 않고 예수님을 드러내는 삶을 살게 되었습니다.

이처럼 연약했던 베드로도 당당하게 자신의 신앙을 고백하는 사람으로 변화되었습니다. 우리도 성령님을 의지하면 증인의 삶을 살 수 있습니다. 이 시간 공부하면서 함께 나눈 신앙 고백을 가정과 일터에서 다시 나누도록 과제를 줍니다. 그리고 한 주 동안 세상에서 생활 중에 과제를 실천한 후 그 결과를 평가해 봅시다.

1 아침에 눈을 떴을 때 "주는 그리스도시요 살아 계신 하나님의 아들이십니다"라고 매일 세 번씩 고백하기.

우리도 날마다 눈을 떴을 때 베드로처럼 예수님이 기뻐하시는 신앙 고백을 해 봅시다. 그리고 새벽에 하나님 앞에 나아가 성령의 충만함을 달라고 기도합시다. 전심을 다해 성령의 은혜를 구하면 놀라운 증인으로서의 변화가 일어나게 될 것입니다.

2 이번 일주일 동안 내가 믿는 예수님을 최소한 한 명 이상에게 전하기.

주변에 있는 최소한 한 사람 이상에게 예수님을 전하는 것을 결단해 봅시다. 결단하는 것에서부터 하나님의 역사가 시작될 것입니다. 인도자는 예수님을 전하는 것은 거창한 일이 아니라고 격려해 줍시다. 자기 주변에 믿지 않는 영혼을 찾아가 식사 혹은 차를 한 잔 대접하며, "나는 예수님 섬기는 것이 참 행복하다"라고 대화 중 꼭 말해 보는 것입니다. 더 구체적인 복음 제시를 원한다면 먼저, 인도자가 복음 제시에 대한 예시를 보여 줍니다. 그리고 앞으로 전도훈련 프로그램에 꼭 참여하도록 동기부여를 해 줍니다.

한 주간의 실천 사항을 적어 보고, 다음 주에 시도한 것 자체를 칭찬하고 인정해 주며, 계속적인 증인의 삶을 독려합시다.

마무리

1. 인도자는 오늘 배운 내용에 대해서 간략하게 정리한 후, 훈련생 개인의 삶에 적용, 도전을 주며 통성기도를 이끌어 갑니다.

2. 마침 기도는 훈련생이 하도록 합니다. 마침 기도에 대해 미리 마음의 준비를 해 올 수 있도록, 한 주 전에 정해서 알려 주도록 합니다.

제자란 누구인가?

모임을 시작하기 전,	❶ 과제물과 "내 영혼의 거울"(개인별 점검표)을 모임 하루 전까지 총무에게 카톡 또는 메일로 제출할 수 있도록 사 전에 공지

❷ 총무는 "내 영혼의 거울"(개인별 점검표)을 취합하여 반별 점검표를 작성한 후 과제물과 함께 목회자에게 제출

❸ 목회자는 모임 전에 미리 "내 영혼의 거울" 및 항목별 과제 점검

❹ 모임 시작 전, 각 개인의 영성생활을 점검해 주는 코멘트를 반드시 해 주시길 바랍니다.

1. 찬양

2. 합심기도

1) 지난 한 주간을 돌아보며, 회개의 시간을 가집니다.

2) 성령 하나님을 초청, 충만하게 모임 가운데 충만하게 임재하여 달라고 간구합니다.

3) 제자훈련을 위한 분명한 소명과 은혜를 위해 기도합니다.

4) 인도자가 대표기도로 마무리를 하고 모임을 시작합니다.

3. 암송 시험

1) 한 명씩 돌아가며 제시된 두 구절을 외우도록 합니다.

① 또 무리에게 이르시되 아무든지 나를 따라오려거든 자기를 부인하고 날마다 제 십자가를 지고 나를 따를 것이니라 눅 9:23

② 무릇 내게 오는 자가 자기 부모와 처자와 형제와 자매와 더욱이 자기 목숨까지 미워하지 아니하면 능히 내 제자가 되지 못하고 눅 14:26

4. 과제 점검

1) "내 영혼의 거울" 중심으로 과제를 점검합니다.

2) 각 훈련생마다 영성생활을 점검해 줍니다. 잘한 부분은 칭찬, 부족한 부분은 잘할 수 있도록 동기부여 해 줍니다.

5. 삶 나눔 및 생활숙제 나눔

1) 지난 한 주 동안 있었던 즐거웠던 일, 슬펐던 일 등 한 주간의 이슈를 나눕니다.

※ 슬프거나 안타까운 일을 들었을 때, 성령님의 인도하심에 따라 바로 합심기도를 해도 좋겠습니다.

2) 지난 주 과제였던 생활숙제 나눔을 가집니다.

6. Q.T 나눔

1) 정해진 본문에 따라 묵상해 온 것을 함께 돌아가며 나누도록 합니다.

2) 시간을 고려하여 정해진 몇 명만 나눠도 괜찮습니다. 다음 주에는 나누는 인원이 겹치지 않고 골고루 나눌 수 있도록 유도합니다.

7. 독후감 나눔

1) 목회자는 가능하면 수업 전에 훈련생들이 제출한 독후감 『제자도』(존 스토트 저) 중 한두 가지를 선정하여 발표하게 합니다.

2) 『제자도』(존 스토트 저)를 읽고 느낀 점을 간단히 나눕니다.

3) 다음 주 수업 전까지 필독서 『내 마음 그리스도의 집』(로버트 멍어 저)을 읽고 독후감을 제출하도록 안내합니다.

예수님은 군중이 아닌, 소수의 헌신된 제자들을 통해 세상을 변화시켜 나가십니다. 그 제자가 바로 우리 모두가 되어야 합니다. 우리는 하나님께서 사용하실 만한 제자가 되도록 영적 근육을 키워야 합니다. 오늘 이 시간을 통해 예수님의 인격과 삶을 닮은 제자가 되려면 어떠한 준비가 필요하며, 어떻게 살아야 하는지 살펴보도록 합시다.

Connect   말씀 속으로

1 예수님은 무리 중에서 소수를 제자로 부르십니다. 누가복음 5장 1-11절을 보며 다음 질문에 답해 봅시다.

1) 예수님은 무리를 가르치시다가 누구의 배에 오르셨습니까? (1-3절)

> **1** 무리가 몰려와서 하나님의 말씀을 들을새 예수는 게네사렛 호숫가에 서서 **2** 호숫가에 배 두 척이 있는 것을 보시니 어부들은 배에서 나와서 그물을 씻는지라 **3** 예수께서 한 배에 오르시니 그 배는 시몬의 배라 육지에서 조금 떼기를 청하시고 앉으사 배에서 무리를 가르치시더니

‣ 시몬 베드로의 배

2) 예수님은 깊은 데로 가서 그물을 내려 고기를 잡으라고 명령하
  셨습니다. 이런 명령은 무엇을 의미합니까? (4절)

> **4** 말씀을 마치시고 시몬에게 이르시되 깊은 데로 가서 그물을 내려 고기
> 를 잡으라

‣ 삶의 주도권을 예수님께 드리기를 요구하심

예수님은 어부로서 고기를 잡는 일에 전문가였던 베드로에게 예
수님의 말씀에 순종하라고 명령하십니다. 이것은 베드로가 삶의 주
도권을 자신에서 예수님께 온전히 드리라는 도전을 주신 것입니다.

3) 어부 베드로는 어떻게 해서 예수님의 명령에 순종할 수 있었습
  니까? (눅 4:38-39)

> **38** 예수께서 일어나 회당에서 나가사 시몬의 집에 들어가시니 시몬의 장
> 모가 중한 열병을 앓고 있는지라 사람들이 그를 위하여 예수께 구하니
> **39** 예수께서 가까이 서서 열병을 꾸짖으신대 병이 떠나고 여자가 곧 일
> 어나 그들에게 수종드니라

▶ 예수님의 권위 인정

베드로는 예수님을 직접 만나기 전에 자신의 장모를 낫게 하신 예수님의 권능에 대해서 이미 알고 있었습니다. 귀로만 들었던 예수님이 눈앞에 계시자, 그분의 말씀에 순종한 것입니다. 자신의 능숙한 경험을 통한 의심이 아닌, 예수님을 향한 온전한 믿음으로 말미암아 예수님의 능력을 경험할 수 있습니다.

4) 베드로는 물고기가 많이 잡히자 왜 자신이 죄인이라고 예수님께 고백했습니까? (참고. 사 6:5)

> **눅 5:8** 시몬 베드로가 이를 보고 예수의 무릎 아래에 엎드려 이르되 주여 나를 떠나소서 나는 죄인이로소이다 하니
>
> **사 6:5** 그 때에 내가 말하되 화로다 나여 망하게 되었도다 나는 입술이 부정한 사람이요 나는 입술이 부정한 백성 중에 거주하면서 만군의 여호와이신 왕을 뵈었음이로다 하였더라

▶ 전능자 앞에서의 피조물의 반응

베드로는 자신 앞에 계신 예수님이 메시아임을 알게 되었습니다. 피조물이 전능자 앞에 섰을 때, 경외감에 사로잡히게 된 것입니다. 전능자의 완전한 거룩함 앞에 피조물의 부정함이 '죄인'이라는 고백으로 드러나는 순간입니다. 이사야 6장 5절에 이사야가 하나님의 임재 앞에 자신의 부정함을 경험한 것과 마찬가지라고 볼 수 있습니

다. 사람은 누구나 해보다 밝은 주님의 임재 앞으로 나아가면, 자신의 작은 티끌과도 같은 죄가 드러나게 되어, 죄인이라는 사실을 인정하지 않을 수 없게 됩니다.

5) 예수님은 베드로에게 무엇이라고 말씀하셨습니까? (10절)

> **10** 세베대의 아들로서 시몬의 동업자인 야고보와 요한도 놀랐음이라 예수께서 시몬에게 이르시되 무서워하지 말라 이제 후로는 네가 사람을 취하리라 하시니

▸ 사명 부여

예수님께서는 무서워하지 말 것과 베드로가 사람을 취하는(낚는) 어부가 될 것을 말씀하십니다. 베드로는 예수님과의 만남을 통해서 새로운 사명을 발견하게 됩니다.

참고

독일어로 '선물'은 'gabe'입니다. 그리고 '사명'을 'aufgabe'라고 합니다. 또한 '헌신'을 'hingabe'라고 합니다. 일종의 언어유희인데, 하나님께서 각자에게 '은사'라는 '선물'을 주셨습니다. 이 은사를 통해서 '사명'을 발견하게 됩니다. 이 사명은 또한 '헌신'으로 성취하게 됩니다. 각자에게 주신 은사가 무엇인지 생각해 보고, 그것을 통해 사명을 발견할 것과, 그 사명을 이루기 위해 헌신을 다함으로 하나님의 뜻을 온전히 이루는 제자가 되는 도전을 하길 바랍니다.

6) 11절에서는 베드로와 그의 동료들이 "모든 것을 버려두고 예수를 따랐다"고 말합니다. 그들은 무엇을 포기했습니까? (11절; 눅 9:23-24)

> **눅 5:11** 그들이 배들을 육지에 대고 모든 것을 버려 두고 예수를 따르니라
>
> **눅 9:23-24 23** 또 무리에게 이르시되 아무든지 나를 따라오려거든 자기를 부인하고 날마다 제 십자가를 지고 나를 따를 것이니라 **24** 누구든지 제 목숨을 구원하고자 하면 잃을 것이요 누구든지 나를 위하여 제 목숨을 잃으면 구원하리라

▸ **모든 것**

제자들은 예수님께 사명을 받은 후, 모든 것을 포기하고 예수님을 따르기 시작했습니다. 여기서 '모든 것'은 문자적으로 해석하기보다 '삶의 우선순위를 재정립'하는 것으로 해석하는 것이 옳습니다. 예수님을 따르기 위해서 자기를 부인하고, 자기 십자가를 지는 행위는 모든 우선순위를 오직 예수님께 두는 것을 뜻합니다. 이것은 자기 자신의 것을 모두 잃는 것 같지만, 예수님께 있는 모든 것을 얻게 되는 역설적 진리입니다.

7) 예수님을 따르기 위해서 나는 무엇을 버려야 하는지 나누어 봅시다.

우상이란 예수님보다 더 사랑하는 대상입니다. 나에게 있어 무엇

이 우상이 될 수 있는지 생각해 보고, 나누어 봅시다. 그리고 예수님을 따른다고 하면서, 아직도 예수님의 말씀보다 우선하여 내려놓지 못하는 자기주장이 무엇인지 생각하고 나누어 봅시다. 자기주장을 바로 알기 시작할 때, 자기 부인이 시작될 수 있습니다. 또한 이 모든 것을 내려놓고 주님을 따를 때, 진정한 자유함이 찾아옵니다. 제자들이 모든 것을 버려두고 예수님을 좇음으로 얼마나 풍성한 경험(오병이어, 치유, 축귀, 풍랑 복종 등의 기적)들을 하게 됩니까? 오늘날 예수님의 제자들인 우리도 그와 같은 삶을 살도록 도전해 봅시다.

2 예수님은 제자들에게 마지막 당부를 하셨습니다. 마태복음 28장 18-20절을 보며 다음 질문에 답해 봅시다.

1) 왜 예수님은 "제자 삼기"를 명령하시며 자신의 권세를 언급하셨습니까? (18절)

> **18** 예수께서 나아와 말씀하여 이르시되 하늘과 땅의 모든 권세를 내게 주셨으니

▸ **오직 예수님의 능력으로 가능한 일임을 말씀하시기 위함**

제자를 삼는 사역이 궁극적으로 예수님의 능력으로 가능함을 말씀하시고자 함입니다. 하늘과 땅의 권세를 가지신 예수님께 순종하며 기도로 나아갈 때, 먼저 내가 제자가 되게 하시며, 누군가를 제자 삼을 수 있는 힘과 능력을 주심을 기억합시다. 결코 내 능력만으로

는 불가능한 일입니다. 오직 예수님의 능력만을 의지해야 합니다.

2) 예수님은 제자들에게 마지막으로 어떤 당부를 하셨습니까? (19-20절)

> **19** 그러므로 너희는 가서 모든 민족을 제자로 삼아 아버지와 아들과 성령의 이름으로 세례를 베풀고 **20** 내가 너희에게 분부한 모든 것을 가르쳐 지키게 하라 볼지어다 내가 세상 끝날까지 너희와 항상 함께 있으리라 하시니라

▸ 모든 민족을 제자로 삼으라

본문에 "가서", "제자로 삼아", "세례를 베풀고", "가르쳐 지키게 하라"는 네 가지 동사의 표현이 등장합니다. 이 말씀을 헬라어 원문에서 보면, 가장 중요한 동사는 "제자로 삼다"입니다. "제자로 삼다"가 본동사로, 나머지 세 동사는 현재분사형으로 쓰여 있습니다. 제자로 삼기 위해서 가고, 제자로 삼기 위해서 세례를 베풀어야 하며, 제자로 삼기 위해서 가르쳐 지키게 하라는 뜻으로 풀어 설명할 수 있습니다. 그러므로 예수님께서 "모든 민족을 제자로 삼으라"고 명령하신 것이 우리의 가장 중요한 사명임을 기억해야 합니다.

3) 예수님이 가르쳐 주신 제자 삼는 방법은 무엇입니까?
(19-20절; 참고. 골 1:28-29; 딤후 2:2; 고전 4:16)

> **골 1:28-29 28** 우리가 그를 전파하여 각 사람을 권하고 모든 지혜로 각 사람을 가르침은 각 사람을 그리스도 안에서 완전한 자로 세우려 함이니 **29** 이를 위하여 나도 내 속에서 능력으로 역사하시는 이의 역사를 따라 힘을 다하여 수고하노라
>
> **딤후 2:2** 또 네가 많은 증인 앞에서 내게 들은 바를 충성된 사람들에게 부탁하라 그들이 또 다른 사람들을 가르칠 수 있으리라
>
> **고전 4:16** 그러므로 내가 너희에게 권하노니 너희는 나를 본받는 자가 되라

‣ 배움, 가르침, 행동, 본, 그리고 성령님

모든 민족을 제자로 삼는 방법은 먼저 하나님을 모르는 사람들에게 찾아가는 것입니다. 즉 행동해야 한다는 것입니다. 자신의 안전지대에만 머물러 있을 때 결코 제자를 세우는 역사는 일어나지 않습니다. 그리고 제자 삼을 대상은 모든 민족입니다. 이는 사람을 차별하지 않는 것을 의미합니다. 주님께서 내게 붙여 주신 영혼이라면 누구라도 제자로 삼을 수 있어야 합니다. 또한 제자로 삼으려면 반드시 말씀을 가르쳐야 하고, 지켜 행하게 해야 합니다. 가르치기 위해서는 내가 먼저 늘 배우기를 힘쓰는 제자가 되어야 합니다. 그리고 사도 바울처럼 아는 바를 행하는, 본이 되는 삶을 살아야 합니다 (고전 4:16). 이렇게 내가 먼저 성령의 은혜로 완전한 자의 삶을 추구하며 다른 사람들을 세울 때(골 1:28-29), 제자가 제자를 낳는 사

역이 계속 이어지게 될 것입니다(딤후 2:2).

4) 예수님이 제자들에게 다른 이들을 제자 삼으라고 명령하신 궁극적인 이유는 무엇일까요?

‣ 하나님 나라의 도래

하나님 나라의 확장은 제자의 삶을 살아가는, 즉 예수님 닮은 그리스도인들이 많아질 때 가능합니다. 예수님의 지상명령을 따라 내가 먼저 제자가 되고, 제자를 세우는 일에 헌신할 때, 하나님 나라의 도래를 앞당기게 될 것입니다.

5) 예수님은 제자들에게 어떤 약속을 하셨습니까? (20절)

> **20b절** 볼지어다 내가 세상 끝날까지 너희와 항상 함께 있으리라 하시니라

‣ 임마누엘

세상 끝 날까지 항상 함께하시겠다는 '임마누엘'을 약속하셨습니다. 이에 우리는 하나님의 영이신 성령님과 동행함으로 세상에 나아가 제자 삼기에 힘을 다하여야 할 것입니다.

3 오늘 배운 내용을 통해서 새롭게 깨달은 바가 있다면 함께 나누어 봅시다.

　수많은 군중 속에 한 사람이 아닌, 한 사람의 제자로서의 삶을 살아야 합니다. 그런데 그 삶을 살아가는 힘은 나에게 있는 것이 아니라, 하늘과 땅의 권세를 가지신 예수님께 있습니다. 그러므로 우리는 날마다 그 권세를 가지신 그리스도의 영이신 성령님을 의지하고, 최선을 다해 제자다운 삶을 살아갈 때, 온전한 제자가 되며, 또 다른 누군가를 제자로 세울 수 있게 될 것입니다. 이것이 결국 하나님 나라를 앞당기는 삶입니다.

Transform　세상 속으로

제자는 주님에 의해 세상으로 보냄 받은 사람입니다. 세상 속에서 제자로 살기 위해 아래에 제시된 사항을 한 주 동안 실천에 옮긴 후 그 결과를 평가해 봅시다.

미션	공감적 경청
매일 처음 만나는 사람 축복하기	매일 처음 만나는 사람이 내가 좋아하는 사람이 아닐지라도, 그 사람을 축복하며 관계의 변화에 주목해 봅니다. 이것이 자기 부인의 시작과 변화라고 할 수 있겠습니다.
믿지 않는 사람에게 식사 대접하기	누구와? 어디서? 언제? 반응은? 제자의 삶에 가장 중요 포인트는 믿지 않는 사람과의 접촉입니다. 이 만남으로부터 제자 삼기의 첫 발을 내딛어 봅시다.
제자로서 포기해야 할 것을 적고 실천하기	자신의 감정, 말, 습관, 취미 등 삶의 모습 속에 주님보다 더 사랑하는 것이 무엇인지를 적어보고 한 주 동안 예수님의 제자로서 버려야 할 것을 과감히 멀리하는 삶을 실천해 봅시다. 그런데 중요한 것은 내 힘이 아닌, '성령님의 힘으로' 해낼 수 있도록 기도하는 것입니다.

마무리

1. 인도자는 오늘 배운 내용에 대해서 간략하게 정리한 후, 훈련생 개인의 삶에 적용, 도전을 주며 통성기도를 이끌어 갑니다.

2. 마침 기도는 훈련생이 하도록 합니다. 마침 기도에 대해 미리 마음의 준비를 해 올 수 있도록, 한 주 전에 정해서 알려 주도록 합니다.

3과

하나님의 주재권

모임을 시작하기 전,	❶ 과제물과 "내 영혼의 거울"(개인별 점검표)을 모임 하루 전까지 총무에게 카톡 또는 메일로 제출할 수 있도록 사전에 공지

❷ 총무는 "내 영혼의 거울"(개인별 점검표)을 취합하여 반별 점검표를 작성한 후 과제물과 함께 목회자에게 제출

❸ 목회자는 모임 전에 미리 "내 영혼의 거울" 및 항목별 과제 점검

❹ 모임 시작 전, 각 개인의 영성생활을 점검해 주는 코멘트를 반드시 해 주시길 바랍니다.

1. 찬양

2. 합심기도

1) 지난 한 주간을 돌아보며, 회개의 시간을 갖고 거룩함을 위해 기도합니다.

2) 성령 하나님을 초청, 모임 가운데 충만하게 임재하여 달라고 간구합니다.

3) 제자훈련을 위한 분명한 소명과 최선의 열심을 위해 기도합니다.

4) 인도자가 대표기도로 마무리를 하고 모임을 시작합니다.

3. 암송 시험

1) 한 명씩 돌아가며 제시된 두 구절을 외우도록 합니다.

① 내가 그리스도와 함께 십자가에 못 박혔나니 그런즉 이제는 내가 사는 것이 아니요 오직 내 안에 그리스도께서 사시는 것이라 이제 내가 육체 가운데 사는 것은 나를 사랑하사 나를 위하여 자기 자신을 버리신 하나님의 아들을 믿는 믿음 안에서 사는 것이라 갈 2:20

② 그러나 내가 나 된 것은 하나님의 은혜로 된 것이니 내게 주신 그의 은혜가 헛되지 아니하여 내가 모든 사도보다 더 많이 수고하였으나 내가 한 것이 아니요 오직 나와 함께 하신 하나님의 은혜로라 고전 15:10

4. 과제 점검

1) "내 영혼의 거울" 중심으로 과제를 점검합니다.

2) 각 훈련생마다 영성생활을 점검해 줍니다. 잘한 부분은 칭찬, 부족한 부분은 잘할 수 있도록 동기부여를 해 줍니다.

5. 삶 나눔 및 생활숙제 나눔

1) 지난 한 주 동안 있었던 즐거웠던 일, 슬펐던 일 등 한 주간의 이슈를 나눕니다.

※ 슬프거나 안타까운 일을 들었을 때, 성령님의 인도하심에 따라 바로 합심기도를 해도 좋겠습니다.

2) 지난 주 과제였던 생활숙제 나눔을 가집니다.

6. Q.T 나눔

1) 정해진 본문에 따라 묵상해 온 것을 함께 돌아가며 나누도록 합니다.

2) 시간을 고려하여 정해진 몇 명만 나눠도 괜찮습니다. 다음 주에는 나누는 인원이 겹치지 않고 골고루 나눌 수 있도록 유도합니다.

7. 독후감 나눔

1) 목회자는 가능하면 수업 전에 훈련생들이 제출한 독후감『내 마음 그리스도의 집』(로버트 멍어 저)을 읽은 후, 가장 좋은 1~2개 정도의 독후감을 선정하여 발표하게 합니다.

2) 『내 마음 그리스도의 집』(로버트 멍어 저)을 읽고 느낀 점을 간단히 나눕니다.

우리의 인생은 오직 주님을 만나, 하나님이 우리의 삶의 주인 되심을 인정하며 살아갈 때, 진정한 삶이 가능하게 됩니다. 오늘 3과를 통해 나의 삶에 진정한 주인 되신 예수님을 온전히 고백하며 따르는 시간이 되길 소망합니다.

Connect   말씀 속으로

1 시편 62편은 다윗이 누군가의 반란으로 곤경에 처했을 때 쓴 시입니다. 다윗은 이런 고난 가운데서도 하나님의 주재권을 인정했습니다. 시편 62편 1-12절을 읽고 다음 질문에 답해 봅시다.

1) 다윗은 고난 가운데 어떻게 반응했습니까? (1, 5절)

> **1** 나의 영혼이 잠잠히 하나님만 바람이여 나의 구원이 그에게서 나오는도다
>
> **5** 나의 영혼아 잠잠히 하나님만 바라라 무릇 나의 소망이 그로부터 나오는도다

▸ 다윗은 구원이요, 소망 되시는 하나님만을 잠잠히 바라봄

　침묵 속에서 하나님의 일하심을 기다린다는 것은 참으로 높은 수준의 신앙입니다. 다윗은 하나님을 향한 절대적인 신뢰의 모습을 보이고 있습니다.

2) 다윗에게 하나님은 어떤 분이었습니까? (2, 6절)

> **2** 오직 그만이 나의 반석이시요 나의 구원이시요 나의 요새이시니 내가 크게 흔들리지 아니하리로다
> **6** 오직 그만이 나의 반석이시요 나의 구원이시요 나의 요새이시니 내가 흔들리지 아니하리로다

▸ 반석, 구원, 요새

　다윗에게 하나님은 반석이시요, 구원이시요, 요새와도 같은 분이십니다. 이것은 변함없으신 하나님의 속성을 나타냅니다. 그러므로 다윗은 이 하나님을 믿기에 자신이 흔들리지 않을 수 있다고 고백합니다.

3) 다윗은 인간을 어떤 존재로 이해했습니까? (3, 9, 10절)

3 넘어지는 담과 흔들리는 울타리 같이 사람을 죽이려고 너희가 일제히 공격하기를 언제까지 하려느냐

9 아, 슬프도다 사람은 입김이며 인생도 속임수이니 저울에 달면 그들은 입김보다 가벼우리로다

10 포악을 의지하지 말며 탈취한 것으로 허망하여지지 말며 재물이 늘어도 거기에 마음을 두지 말지어다

▸ 가볍고 연약하며 재물에 쉽게 마음을 빼앗기는 존재

3절에서 인간을 넘어지는 담, 흔들리는 울타리와 같이 약한 존재로 이해합니다. 다윗은 이 비유를 통해 자신의 연약한 상태를 표현하고 있습니다. 이런 연약한 상태의 인간을 굳이 공격하여 쓰러뜨리려고 하는 악인의 속성을 알 수 있습니다.

9절에서 인간은 입김처럼 가벼운 존재로 생각합니다. 인간은 제 아무리 무게 있는 사람처럼 행한다 할지라도, 하나님의 저울에 달면 다 가벼운 존재가 될 수밖에 없는 유약한 존재입니다.

10절에서 인간은 재물에 마음을 빼앗길 수 있는 존재임을 밝힙니다. 인간은 재물을 얻기 위해서 포악한 방법을 의지하기도 합니다. 그러나 재물을 의지하는 삶은 허망한 인생으로 전락할 뿐입니다.

4) 고난 속에서 하나님은 나에게 어떤 분이셨는지 고백해 봅시다.

훈련생의 인생 가운데 사람으로부터 찾아온 고난에 대해서 나눠보게 합니다. 고난을 겪을 때 하나님은 나에게 어떤 하나님이셨는지 함께 나누어 봅시다. 그리고 앞으로 찾아올 어떤 고난 앞에서도 다윗처럼 잠잠히 하나님께만 소망을 두고 그 고난을 이겨 낼 수 있을지 나눠 봅시다.

2 하나님의 주재권은 예레미야의 삶에서 어떻게 나타났습니까? 예레미야 1장 1-7절을 읽어 봅시다.

1) 예레미야의 인생에는 어떤 장애물이 있었습니까? (1, 6절)

> **1** 베냐민 땅 아나돗의 제사장들 중 힐기야의 아들 예레미야의 말이라
> **6** 내가 이르되 슬프도소이다 주 여호와여 보소서 나는 아이라 말할 줄을 알지 못하나이다 하니

▶ 가문과 나이

아나돗이라는 지역은 솔로몬왕 때 제사장이었던 아비아달이 아도니야의 반역에 참여했다는 이유로 유배된 곳이었습니다(왕상 2:27-36). 예레미야는 바로 이 몰락한 제사장 가문에 속한 사람이었습니다. 그리고 예레미야의 정확한 나이가 성경에 나타나 있지 않지만, 예레미야가 스스로 히브리어로 '나알', 즉 "아이"라고 표현하였으므

로 성인의 나이보다 어렸거나 그 정도의 나이였을 것입니다. 하지만, 당시 나이든 사람의 지혜를 가치 있게 여겼던 사회에서 자신처럼 어린 나이에 나라 전체를 상대하는 선지자로 부르심을 받았다는 사실은 예레미야에게 큰 부담이었을 것입니다.

2) 예레미야의 인생에서 터닝 포인트는 무엇이었습니까? (2절)

2 아몬의 아들 유다 왕 요시야가 다스린 지 십삼 년에 여호와의 말씀이 예레미야에게 임하였고

‣ 신적 계시

여호와의 말씀이 임했다는 것은 신적 계시(Divine Revelation)가 임했다는 것입니다. 이것은 선지서들이 시작될 때 일반적으로 사용되는 표현입니다. 연약한 인간이었지만 신적 계시가 예레미야에게 임함으로써 인생에 터닝 포인트가 찾아온 것입니다.

3) 하나님은 예레미야에게 어떤 은혜를 베푸셨습니까? (5절)

5 내가 너를 모태에 짓기 전에 너를 알았고 네가 배에서 나오기 전에 너를 성별하였고 너를 여러 나라의 선지자로 세웠노라 하시기로

‣ 예정, 성별, 세움

"내가 너를 알았다"에서 '알다'는 히브리어 원문에서 '야다'라는 동사로 표현됩니다. 이는 깊은 인격적인 관계를 의미하는 단어로 이미 하나님께서 창세전에 예레미야를 알고 계셨다는 뜻입니다. 따라서 예레미야의 가문과 상관없이 하나님이 그를 쓰시려고 예정하셨다는 것입니다("곧 창세 전에 그리스도 안에서 우리를 택하사" 엡 1:4a). 미리 택한 지도자라는 것을 말해 줍니다.

"내가 너를 성별하였다"라는 말은 하나님께서 거룩한 존재로 미리 구별하셨다는 것입니다.

"내가 너를 여러 나라의 선지자로 세웠다"라는 말은 하나님께서 예레미야의 선택이 아닌 친히 하나님의 뜻대로 예레미야에게 선지자로서의 소명을 주셨다는 것입니다.

4) 하나님은 두려워하는 예레미야에게 어떻게 말씀하셨습니까? (7절)

> 7 여호와께서 내게 이르시되 너는 아이라 말하지 말고 내가 너를 누구에게 보내든지 너는 가며 내가 네게 무엇을 명령하든지 너는 말할지니라

‣ 스스로를 아이라고 말하지 말 것과 주시는 사명과 명령에 온전히 순종할 것을 말씀하심

하나님의 부르심 앞에 스스로를 제한하는 우를 범하지 말 것과 부

르신 그분이 친히 능력을 주심을 믿으며 나아갈 것을 말씀하십니다. 이는 7절의 말씀 가운데 주어를 보면 그 강조점을 찾기가 쉽습니다. "내가"가 두 번 등장을 합니다. 즉 여호와 하나님께서 이 일을 이루시겠노라고 말씀하십니다. 나 자신에게 집중하면 할 수 없지만, 하나님께 집중하면 사명을 감당할 수 있습니다.

5) 하나님이 당신을 온전히 다스리실 수 있도록 당신이 내어 드려야 할 부분을 다음의 표에 적어 봅시다.

각 영역별로 하나님께 나아가는 데 주저하게 만드는 요소를 적어 봅니다.

자아	기질, 학력, 나이 등	가족	부모, 자녀, 배우자 등
재정	재물욕, 과소비, 쇼핑 등	시간	게으름, 오락, TV, 취미 등
직업	승진, 직장 내 관계 등	기타	과한 운동, 건강염려증 등

위의 각 영역에 훈련생이 내어 드려야 할 것을 정리하였다는 것 자체가 은혜입니다. 이제 다음 질문들을 통해서 정리된 삶의 영역을 어떻게 하나님의 은혜로 채울 수 있는지 나눠 보는 시간이 되길 원합니다.

3 사도 바울은 다메섹 도상에서 주님을 만난 후 그리스도의 주재권을 인정했습니다. 갈라디아서 2장 20절에서 바울은 어떤 고백을 했습니까?

> **20** 내가 그리스도와 함께 십자가에 못 박혔나니 그런즉 이제는 내가 사는 것이 아니요 오직 내 안에 그리스도께서 사시는 것이라 이제 내가 육체 가운데 사는 것은 나를 사랑하사 나를 위하여 자기 자신을 버리신 하나님의 아들을 믿는 믿음 안에서 사는 것이라

1) 자신이 그리스도와 함께 십자가에 못 박혔다는 사도 바울의 이 고백은 구체적으로 무엇을 뜻합니까?

▸ **자기 부인, 전적 의존**

자기 자신을 부인하고, 예수님을 전적으로 의지함을 뜻합니다. 이를 위해서 자신 안에 있는 예수님의 말씀과 위배되는 모든 것을 내던져 버리고, 오직 예수님의 말씀과 삶으로만 채우고자 하는 것입니다.

2) 예수님을 만난 후 사도 바울의 인생의 목적은 어떻게 바뀌었습니까? (참고. 행 20:24)

> **24** 내가 달려갈 길과 주 예수께 받은 사명 곧 하나님의 은혜의 복음을 증언하는 일을 마치려 함에는 나의 생명조차 조금도 귀한 것으로 여기지 아니하노라

▸ 복음을 위한 삶

자기의 의로 가득 찼던 바울이 이제는 주 예수께 받은 사명으로 가득찹니다. 그 사명은 하나님의 은혜의 복음을 위해 자신의 생명을 기꺼이 내어 드리는 것입니다. 이것은 단지 바울에게만 주신 사명이 아닙니다. 예수님을 만난 모든 사람에게 동일하게 주신 사명입니다. 오늘날 하나님께서는 이와 같은 사람을 찾으십니다. 자신의 삶이 전도지가 될 수 있는 사람입니다. 말로만이 아닌, 생명을 다해 주님을 위해 살아갈 수 있는 사람이 필요합니다. 이러한 삶은 반드시 우리 일상에서 드러나야 할 것입니다.

3) 사도 바울처럼 예수님을 만난 후 당신의 인생 목적도 바뀌었습니까? 그것이 당신의 삶에서 어떻게 드러나고 있습니까? 만약 아직 드러나지 않고 있다면, 앞으로 어떻게 드러나길 원합니까?

제자훈련을 받는 성도라면, 예수님을 구주로 영접한 성도일 것입니다. 그런데 문제는 구원의 확신은 있는데, 구원 얻은 자로서의 삶의 변화가 부족하다는 것입니다. 이 질문을 통해 다시 한번 구원이란, 단지 과거의 단회적 확신이 아니라 현재 진행형의 삶이 되어야 한다는 것을 재확인시켜 주십시오. 앞으로는 구원을 이루는 삶이 따라와야 합니다. 이제부터 하나님께서 나에게 맡겨 주신 삶의 현장에서 최선을 다해야 합니다. 그리고 최선을 다하는 삶 속에서 반드시 하나님의 은혜를 드러내며 살아야 합니다. 그것이 작은 선행이 되었든, 복음을 실제로 전하는 기회를 얻었든, 예수님을 나의 삶과 입술로 증거해야 할 것입니다.

Transform 세상 속으로

예수님이 나의 삶을 온전히 다스리심으로 나와 내 가정과 사회(직장)에서 5년 후, 10년 후 있을 변화들을 상상하며 기록해 봅시다.

미션	5년 후의 변화	10년 후의 변화
나	예수님을 더욱 닮아 있을 나의 모습을 상상해 보며 적어 봅시다. 점차적으로 성화되어 가는 모습을 상상하며 5년 후, 10년 후를 적어 봅시다.	
가정	예수님을 통해 우리 가정에 일어날 놀라운 변화를 상상하며 기록해 봅시다.	
사회 (직장)	예수님의 통치를 받는 나를 통해 일어나게 될 사회 혹은 직장에서의 변화를 기대하며 작성해 봅시다. ※ 직장생활을 하지 않는 훈련생일 경우, 사회에서 관계 맺고 있는 비기독교인들과의 만남이 있을 것입니다(예, 학부모 모임, 동아리 모임 등). 이것에 적용하며 기록해 봅시다.	

마무리

1. 인도자는 오늘 배운 내용에 대해서 간략하게 정리한 후, 훈련생 개인의 삶에 적용, 도전을 주며 통성기도를 이끌어 갑니다.

2. 마침 기도는 훈련생이 하도록 합니다. 마침 기도에 대해 미리 마음의 준비를 해 올 수 있도록, 한 주 전에 정해서 알려 주도록 합니다.

Memo

4과

영적 전쟁

① 과제물과 "내 영혼의 거울"(개인별 점검표)을 모임 하루 전까지 총무에게 카톡 또는 메일로 제출할 수 있도록 사전에 공지

② 총무는 "내 영혼의 거울"(개인별 점검표)을 취합하여 반별 점검표를 작성한 후 과제물과 함께 목회자에게 제출

③ 목회자는 모임 전에 미리 "내 영혼의 거울" 및 항목별 과제 점검

④ 모임 시작 전, 각 개인의 영성생활을 점검해 주는 코멘트를 반드시 해 주시길 바랍니다.

1. 찬양

2. 합심기도

1) 지난 한 주간을 돌아보며, 회개의 시간을 갖고 거룩함을 위해 기도합니다.

2) 성령 하나님을 초청, 모임 가운데 충만하게 임재하여 달라고 간구합니다.

3) 제자훈련을 통해 진정한 예수님의 제자가 되길, 이를 위해 최선을 다해 훈련에 임하길 기도합니다.

4) 인도자가 대표기도로 마무리를 하고 모임을 시작합니다.

3. 암송 시험

1) 한 명씩 돌아가며 제시된 두 구절을 외우도록 합니다.

① 끝으로 너희가 주 안에서와 그 힘의 능력으로 강건하여지고 마귀의 간계를 능히 대적하기 위하여 하나님의 전신 갑주를 입으라 엡 6:10-11

② 이것을 너희에게 이르는 것은 너희로 내 안에서 평안을 누리게 하려 함이라 세상에서는 너희가 환난을 당하나 담대하라 내가 세상을 이기었노라 요 16:33

4. 과제 점검

1) "내 영혼의 거울" 중심으로 과제를 점검합니다.

2) 각 훈련생마다 영성생활을 점검해 줍니다. 잘한 부분은 칭찬, 부족한 부분은 잘할 수 있도록 동기부여를 해 줍니다.

5. 삶 나눔 및 생활숙제 나눔

1) 지난 한 주 동안 있었던 즐거웠던 일, 슬펐던 일 등 한 주간의 이슈를 나눕니다.

※ 슬프거나 안타까운 일을 들었을 때, 성령님의 인도하심에 따라 바로 합심기도를 해도 좋겠습니다.

2) 지난 주 과제였던 생활숙제 나눔을 가집니다.

6. Q.T 나눔

1) 정해진 본문에 따라 묵상해 온 것을 함께 돌아가며 나누도록 합니다.

2) 시간을 고려하여 정해진 몇 명만 나눠도 괜찮습니다. 다음 주에는 나누는 인원이 겹치지 않고 골고루 나눌 수 있도록 유도합니다.

7. 독후감 나눔

1) 다음 주 수업 전까지 필독서 『무릎으로 승부하라』(김은호 저)를 읽고 독후감을 제출하도록 안내합니다.

8. 공지 사항

1) 2주 후에는 암송 시험이 있습니다. 1과부터 6과까지의 12개 구절을 모두 외워야 하므로 훈련생들이 준비할 수 있도록 미리 공지해 주시기 바랍니다.

이 땅에서 눈에 보이는 전쟁뿐만 아니라, 눈에 보이지 않는 전쟁이 우리 삶에서 날마다 치열하게 진행되고 있습니다. 하나님께서는 이와 같은 싸움에서 승리하는 원리를 말씀을 통해 나타내십니다. 그림에서 보여 주듯, 사탄은 존재하나, 두려워하지 않아도 됩니다. 사탄은 마치 길거리에서 흔히 보는 커다란 바람 풍선과도 같습니다. 위협적으로 보이나, 실상은 그렇지 않습니다. 왜냐하면 우리가 믿고 의지하는 하나님이 훨씬 강하시기 때문입니다. 하나님을 신뢰하며 이기는 인생을 살아가는 것이 무엇인지 오늘 훈련을 통해 살펴봅시다.

Connect   말씀 속으로

1 당신은 영적 전쟁을 경험하고 있습니까?

※ 삶에서 혹 인식하지 못했던 영적 전쟁의 실체가 무엇인지를 묻기 위한 질문입니다.

1) 그렇다면, 요즘 싸우고 있는 영적 전쟁은 어떤 것입니까?

각 반에 제자훈련을 시작하며 드러난 영적 전쟁이 있을 것입니다.

함께 나누며 실체를 대적하고, 하나님께서 약속하신 승리를 취할 것을 기대하며 이번 과를 시작해 봅시다.

2) 그렇지 않다면, 그 이유는 무엇입니까?

영적 예민함을 키우는 것이 중요합니다. 과거에는 모르고 지냈던 부분이 성경 말씀에 비춰 보았더니 드러나기도 합니다. 그러나 조심해야 할 것은 모든 것을 영적으로 연결시키려고 해서는 안 된다는 것입니다. 가장 중요한 것은 말씀이라는 안경을 통해 나의 삶을 바라보고, 해석해 내는 능력입니다. 자, 그럼 이제 말씀으로 우리 삶을 들여다보도록 하겠습니다.

2 "지피지기(知彼知己)면 백전백승(百戰百勝)"이라는 말이 있습니다. 영적 전쟁에서는 대적의 실체를 바르게 파악하는 것이 중요합니다.

1) 그리스도인이 치르는 영적 전쟁의 특징은 무엇입니까?
(엡 6:12; 참고. 계 12:9; 벧후 2:4; 유 1:6)

엡 6:12 우리의 씨름은 혈과 육을 상대하는 것이 아니요 통치자들과 권세들과 이 어둠의 세상 주관자들과 하늘에 있는 악의 영들을 상대함이라

계 12:9 큰 용이 내쫓기니 옛 뱀 곧 마귀라고도 하고 사탄이라고도 하며 온 천하를 꾀는 자라 그가 땅으로 내쫓기니 그의 사자들도 그와 함께 내쫓기니라

벧후 2:4 하나님이 범죄한 천사들을 용서하지 아니하시고 지옥에 던져 어두운 구덩이에 두어 심판 때까지 지키게 하셨으며

유 1:6 또 자기 지위를 지키지 아니하고 자기 처소를 떠난 천사들을 큰 날의 심판까지 영원한 결박으로 흑암에 가두셨으며

‣ 사탄과 그의 졸개들과의 싸움

우리의 싸움은 눈에 보이는, 혈과 육의 싸움이 아닙니다. 통치자들과 권세들과 이 어둠의 세상 주관자들과 하늘에 있는 악의 영들과의 싸움입니다. 말씀에 나열되어 있는 표현들은 악한 영들의 계급을 나타내는 말입니다. 그럼 가장 우두머리인 마귀라고도 하는 사탄에 대해서 살펴봅시다. 사탄은 온 천하를 꾀는 즉, 현혹시키고 혼란에 빠지게 하는 존재입니다. 하나님께서 사탄을 졸개들(타락한 천사들)과 함께 하나님 나라에서 내쫓으셨습니다(계 12:9). 그들이 그렇게 전락한 이유는 자기 지위를 지키지 아니한 교만함 때문입니다(유 1:6). 그래서 그들은 결국 주님의 재림 시 완전한 지옥 불에 처하게 될 존재들입니다. 이미 완전히 패배한 그들은 지금 마지막 발악을 하고 있는 것입니다. 하지만 늘 기억하십시오. 우리는 늘 이긴 싸움을 싸우고 있는 것입니다. "세상에서는 너희가 환난을 당하나 담대하라 내가 세상을 이기었노라"(요 16:33b).

2) 그리스도인의 영적 전쟁의 상대는 누구입니까?

(막 3:22; 왕하 1:2; 벧전 5:8)

막 3:22 예루살렘에서 내려온 서기관들은 그가 바알세불이 지폈다 하며 또 귀신의 왕을 힘입어 귀신을 쫓아낸다 하니

왕하 1:2 아하시야가 사마리아에 있는 그의 다락 난간에서 떨어져 병들매 사자를 보내며 그들에게 이르되 가서 에그론의 신 바알세붑에게 이 병이 낫겠나 물어 보라 하니라

벧전 5:8 근신하라 깨어라 너희 대적 마귀가 우는 사자 같이 두루 다니며 삼킬 자를 찾나니

① **이름** : 사탄(히브리어로 '사탄', 헬라어로 '사타나스', '적대자' 의미), 마귀(헬라어로 '디아볼로스'), 바알세불(또는 바알세붑[4]), 귀신의 왕

② **속성** : 성경은 그리스도인을 적대하는 상대를 살인한 자, 거짓의 아비(요 8:44[5]) 등으로 표현합니다. 사탄은 처음부터 하나님을

---

4) 블레셋의 에그론(블레셋 5대 성읍 가운데 최북단에 위치한 도시) 사람들이 섬기던 우상으로(왕하 1:2-18), '파리들의 주'라는 뜻이다. 이스라엘의 아하시야왕은 사마리아에 있는 다락 난간에서 떨어져 병들게 되자 사신을 보내 병이 나을 수 있는지 없는지를 여호와께 묻지 않고 바알세붑에게 물었다(왕하 1:2). 이로 인해 엘리야의 예언대로 아하시야왕은 그 올라간 침상에서 다시 내려오지 못하고 죽었다(왕하 1:3-17).

5) 너희는 너희 아비 마귀에게서 났으니 너희 아비의 욕심대로 너희도 행하고자 하느니라 그는 처음부터 살인한 자요 진리가 그 속에 없으므로 진리에 서지 못하고 거짓을 말할 때마다 제 것으로 말하나니 이는 그가 거짓말쟁이요 거짓의 아비가 되었음이라

대적한, 범죄한 존재입니다(요일 3:8a[6]). 그는 하나님의 궁극적인 목적인 복음을 방해합니다. 베드로가 예수님이 십자가로 고통받고 죽으셨다가 부활하실 일을 반대했던 것도 사탄으로 인한 생각 때문이었습니다(마 16:23[7]). 그리고 사탄은 아나니아의 마음에도 들어가 거짓말을 하게 합니다(행 5:3[8]).

3) 마귀는 무엇을 싫어합니까?

① 사도행전 7:55

> **55** 스데반이 성령 충만하여 하늘을 우러러 주목하여 하나님의 영광과 및 예수께서 하나님 우편에 서신 것을 보고

▶ **성령 충만**

마귀는 성령 충만함을 싫어합니다. 성령 충만은 죄와 멀어지고, 육신의 생각을 버리고, 주님과 친밀한 관계 속에서 성령 하나님으로 가득 차 있는 상태를 의미합니다. 이러한 내용을 보여 주는 장면이

---

6) 죄를 짓는 자는 마귀에게 속하나니 마귀는 처음부터 범죄함이라
7) 예수께서 돌이키시며 베드로에게 이르시되 사탄아 내 뒤로 물러 가라 너는 나를 넘어지게 하는 자로다 네가 하나님의 일을 생각하지 아니하고 도리어 사람의 일을 생각하는도다 하시고
8) 베드로가 이르되 아나니아야 어찌하여 사탄이 네 마음에 가득하여 네가 성령을 속이고 땅 값 얼마를 감추었느냐

스데반이 주님 때문에 죽는 그 순간에도 하늘을 우러러 주목하며 하나님의 영광과 예수님께서 하나님의 우편에 서신 것을 바라보는 것입니다. 마귀는 고통 속에 죽어 가는 스데반의 입에서 하나님을 저주하는 말이 나오길 원했으나, 성령으로 충만한 스데반은 오히려 믿음의 눈으로 하나님의 영광을 바라봅니다. 성령 충만한 사람만이 사탄의 계략을 이길 수 있습니다.

② 디모데후서 2:22 (참고. 시 18:26)

> **딤후 2:22** 또한 너는 청년의 정욕을 피하고 주를 깨끗한 마음으로 부르는 자들과 함께 의와 믿음과 사랑과 화평을 따르라
>
> **시 18:26** 깨끗한 자에게는 주의 깨끗하심을 보이시며 사악한 자에게는 주의 거스르심을 보이시리니

▸ **깨끗한 마음**

마귀는 하나님을 적대하는 자이기에, 깨끗한 마음을 싫어합니다. 또한 깨끗한 마음을 가진 자들은 하나님을 볼 수 있기 때문에 더더욱 싫어합니다(마 5:8[9]).

---

9) 마음이 청결한 자는 복이 있나니 그들이 하나님을 볼 것임이요

③ 요한일서 2:5

> **5** 누구든지 그의 말씀을 지키는 자는 하나님의 사랑이 참으로 그 속에서 온전하게 되었나니 이로써 우리가 그의 안에 있는 줄을 아노라

▸ 말씀 순종

마귀는 하나님의 말씀을 지키는 자를 싫어합니다. 하나님의 말씀은 궁극적으로 사랑을 실천하게 하여 하나님의 사람을 온전하게 합니다. 그러므로 하나님의 사람은 언제나 사랑을 행함으로 하나님 안에 거하게 됩니다. 이에 마귀는 우리가 하나님께 불순종하게 하고, 사랑을 실천하지 못하게 합니다. 미움과 시기의 마음을 일으키어 내가 하나님 안에 있는 존재라는 것을 느끼지 못하게 합니다. 죄책감에 사로잡혀 하나님 안에서 사랑을 느끼지 못하게 우리를 속입니다.

④ 야고보서 4:7-8

> **7** 그런즉 너희는 하나님께 복종할지어다 마귀를 대적하라 그리하면 너희를 피하리라 **8** 하나님을 가까이하라 그리하면 너희를 가까이하시리라 죄인들아 손을 깨끗이 하라 두 마음을 품은 자들아 마음을 성결하게 하라

‣ 복종과 선포, 하나님과의 친밀함

마귀는 하나님께 복종하는 자의 위력을 가장 잘 압니다. 왜냐하면 하나님께 복종하기 위해 납작 엎드리기 시작할 때, 하나님의 전능하신 능력이 그 위에 나타나기 때문입니다. 그러하기에 성도는 하나님께 엎드려 복종하며 마귀를 대적해야 합니다. 이런 능력이 유지, 발전되기 위해서는 하나님을 더욱더 가까이하는 친밀함이 반드시 필요합니다. 날마다 말씀과 기도로 하나님을 가까이하는 자에게 하나님의 크신 능력이 나타남을 잘 알기에 마귀는 언제나 이 두 가지 영적 활동에 방해를 가합니다. 우리는 반드시 매일 말씀 묵상과 기도를 실천해야 합니다.

3 예수님을 믿으면 우리는 어떤 존재로 변화됩니까?
(요 1:12; 고후 5:17; 엡 4:24)

요 1:12 영접하는 자 곧 그 이름을 믿는 자들에게는 하나님의 자녀가 되는 권세를 주셨으니

고후 5:17 그런즉 누구든지 그리스도 안에 있으면 새로운 피조물이라 이전 것은 지나갔으니 보라 새 것이 되었도다

엡 4:24 하나님을 따라 의와 진리의 거룩함으로 지으심을 받은 새 사람을 입으라

‣ 하나님의 자녀, 새로운 피조물, 새 사람

부모는 한 사람의 정체성에 결정적 영향을 미칩니다. 육신의 부모가 그러할진대, 온 세상을 창조하시고 다스리시는 전능하신 하나님의 자녀가 되었다는 놀라운 사실은 얼마나 큰 변화를 가져다줄까요? 예수님을 따라 살아감으로 변화된 삶을 이 세상에서 온전히 누리는 자가 복된 자입니다. 이를 위해서는 과거 죄의 본성에 사로잡힌 삶이 아닌, 새로운 피조물로서의 삶이 시작되어야 합니다. 그 삶은 의와 진리와 거룩함의 삶입니다. 의는 하나님과의 관계를 통해 나타냅니다. 성경에서 의로운 사람은 언제나 하나님과 친밀한 사람이었습니다. 왜냐하면, 하나님이 의로우신 분이시기 때문입니다. 또한 예수님을 믿는 자는 진리로 가득 찬 삶을 살아야 합니다. 하나님의 흔들리지 않는 말씀인 진리를 붙들고, 진리 되신 예수님과 함께하는 삶을 살아야 합니다. 마지막으로 거룩해야 합니다. 하나님께서 거룩하시니 우리도 거룩해야 합니다(레 11:45). 이러한 삶을 사는 자는 하나님의 권세를 마음껏 누릴 수 있습니다.

4 우리가 믿는 하나님 아버지는 어떤 분이십니까? 전쟁에서 자주 큰 승리를 거둔 다윗의 고백을 함께 살펴봅시다(대상 29:10-12; 참고. 삼상 17:47).

> **대상 29:10-12** 10 다윗이 온 회중 앞에서 여호와를 송축하여 이르되 우리 조상 이스라엘의 하나님 여호와여 주는 영원부터 영원까지 송축을 받으시옵소서 11 여호와여 위대하심과 권능과 영광과 승리와 위엄이 다 주께 속하였사오니 천지에 있는 것이 다 주의 것이로소이다 여호와여 주권도 주께 속하였사오니 주는 높으사 만물의 머리이심이니이다 12 부와 귀가 주께로 말미암고 또 주는 만물의 주재가 되사 손에 권세와 능력이 있사오니 모든 사람을 크게 하심과 강하게 하심이 주의 손에 있나이다
>
> **삼상 17:47** 또 여호와의 구원하심이 칼과 창에 있지 아니함을 이 무리에게 알게 하리라 전쟁은 여호와께 속한 것인즉 그가 너희를 우리 손에 넘기시리라

① 천지를 소유하며 다스리시는 분
② 부요와 권세와 능력의 주인이신 분

이 비밀을 이미 알고 있던 다윗은 거인 골리앗을 제압할 수 있었습니다. 왜냐하면 골리앗과는 비교할 수 없는 강력한 능력을 지닌 분이 하나님이심을 이미 믿고 있었기 때문입니다. 역대상 29장의 고백은 다윗의 마지막 유언입니다. 다윗이 드린 이 기도의 시작은 하나님의 왕권에서 출발합니다. 다윗의 전(全)인생에서 하나님은 모든 부의 근거이며, 모든 권능과 통치권의 근거였습니다. 우리가 믿는 하나님도 이와 같아야 합니다. 이것이 영적 전쟁의 승리에 대한 가장 중요한 밑바탕입니다.

5 영적 전쟁에서 승리하려면 우리에게 무엇이 필요합니까? (엡 6:13-17)

> **13** 그러므로 하나님의 전신 갑주를 취하라 이는 악한 날에 너희가 능히 대적하고 모든 일을 행한 후에 서기 위함이라 **14** 그런즉 서서 진리로 너희 허리 띠를 띠고 의의 호심경을 붙이고 **15** 평안의 복음이 준비한 것으로 신을 신고 **16** 모든 것 위에 믿음의 방패를 가지고 이로써 능히 악한 자의 모든 불화살을 소멸하고 **17** 구원의 투구와 성령의 검 곧 하나님의 말씀을 가지라

1) 방어용

① 진리의 허리띠

‣ 마음과 행동의 진실성

허리띠는 로마 군인이 허벅지를 보호하기 위해 입는 짧은 바지처럼 생긴 앞치마를 가리킵니다. 성경은 '진리의 허리띠'를 매라고 합니다. 에베소서에서 '진리'라는 단어는 마음과 행동의 진실성을 가리킬 때 사용하였습니다. 이는 바로 성도들의 거짓 없는 진실한 마음을 의미합니다(칼빈). 복음의 진리를 믿고 그 영향력 아래 사는 성도들은 모든 거짓을 버리고 이웃과 더불어 진실하게 살아야 합니다. 이렇게 함으로써 마귀가 공격할 여지를 주지 말아야 합니다.

② 의의 호심경

‣ 칭의와 윤리적인 의

'의'는 두 가지입니다. 하나는 하나님께서 주시는 의, 즉 하나님께서 그리스도 안에 있는 성도에게 주권적으로 선언하신 의의 판결입니다(칭의). 그리스도를 믿어 의롭다 함을 얻는 것, 그리스도의 의로 옷을 입는 것, 이것이야말로 마귀와 악한 영들의 정면 공격에서 성도를 보호해 주는 굳건한 가슴막이(호심경)입니다. 또 하나는 윤리적인 의입니다. 하나님의 의로우신 성품을 닮아 살아가는 것은 앞에서도 언급한 새 사람의 특성입니다. 따라서 칭의와 윤리적 의가 함께 엮여서 마귀가 뚫을 수 없는 의의 가슴막이(호심경)를 가져야 합니다.

③ 평안의 복음의 신

‣ 평화가 전제된 복음의 선포

로마 군인은 '칼리가'라는 반장화를 신었습니다. 이에 바울은 그리스도의 군사가 착용해야 하는 신발을 '평화의 복음의 신'으로 표현합니다. 이것은 성도가 언제, 어디서든 평화의 복음을 선포할 준비를 해야 한다는 말입니다. 사람들에게 복음을 선포하는 것은 마귀와 악한 영들을 공격하는 것과 같습니다. 그런데 이것을 평안, 즉 평화의 복음이라고 합니다. 이것은 중의적 의미를 담고 있는데, 하나는 성도가 하나님과 누리는 평화를 의미합니다. 그리고 성도 간에 누리는 평화를 의미합니다. 이렇게 하나님과 성도 사이에서 온전한 평화를 누리며 선포한 복은 더욱더 능력을 발휘하게 됩니다. 불화(不和)

한 교회에서의 복음은 세상에 능력을 내지 못하고, 오히려 세상의 염려거리가 될 수 있습니다.

④ 믿음의 방패

‣ 하나님의 말씀에 대한 전적 신뢰

고대 로마 군인들이 사용한 방패는 전신을 보호하는 직사각형의 큰 방패였습니다. 길이가 대략 120cm, 폭이 대략 75cm, 두께는 손바닥 넓이 정도였습니다. 두꺼운 나무판 두 개를 붙여 만들었으며, 겉면에는 천을 씌우고, 그 위에 송아지 가죽을 덮었습니다. 바울은 이 이미지를 사용해서, 성도는 마귀의 공격을 막기 위해 '믿음의 방패'를 들어야 한다고 말합니다. 믿음은 의심이 생길 때 하나님의 약속의 말씀을 붙들게 하며, 유혹을 당할 때 하나님의 능력을 붙들게 합니다. 또한 믿음은 복음을 통해 나타난 하나님의 사랑과 능력을 전적으로 신뢰하는 것으로, 이것이 굳건하게 서면, 악한 자의 모든 불화살을 소멸하게 됩니다. 마귀와 악한 영들은 모든 종류의 죄의 유혹과 시험, 의심, 절망, 거짓된 가르침 등을 동원하여 교회와 성도를 공격합니다. 그러나 믿음의 방패가 굳게 세워져 있으면 능히 다 막아 낼 수 있습니다.

⑤ 구원의 투구

‣ 구원의 확신

데살로니가전서 5장 8b절에 보면 "구원의 소망의 투구를 쓰자"라고 말합니다. 구원은 성도들이 장차 얻게 될 미래적인 것입니다. 그러나 에베소서 본문에서는 구원은 성도들이 이미 받아 누리는 현재적인 것으로 표현합니다. 악한 자의 공격 앞에서 성도들을 담대하게 만들고 기쁨과 감사로 뛰게 해주는 것이 바로 구원받았다는 확신입니다. 하나님께서 주신 구원을 이미 소유하고 있다는 사실을 알고 확신하는 것이야말로 영적 싸움에서 성도의 머리를 보호해 주는 견고한 투구인 것입니다.

2) 공격용 (참고. 히 4:12)

12 하나님의 말씀은 살아 있고 활력이 있어 좌우에 날선 어떤 검보다도 예리하여 혼과 영과 및 관절과 골수를 찔러 쪼개기까지 하며 또 마음의 생각과 뜻을 판단하나니

① 하나님의 말씀(성령의 검)

▸ 하나님 말씀의 위력

로마 군인의 검은 길이 60cm, 폭 5cm 정도로, 비교적 짧고 예리합니다. 성령은 진리의 영으로 성도들 안에서 역사하며 성도들에게 말씀의 검을 들려 주고 그것을 사용하게 하십니다. 히브리서 4장 12절을 보면 하나님의 말씀은 좌우에 날 선 어떤 검보다 예리하게 자기백성의 양심을 찌르며 그들을 영적으로 각성하게 합니다. 또한 하나님은 성령을 통해 하나님의 말씀을 자기 백성에게 주셔서 마귀의 시

험과 유혹을 물리치게 하십니다. 예수님께서 사탄의 시험을 말씀으로 이기신 것과 같은 원리입니다. 하나님의 말씀은 사탄의 공격에 대항하여 방어하고 재공격하는 힘이 됩니다. 이것이 바로 복음의 능력입니다. 성령의 검 곧 하나님의 말씀인 복음을 가지고 나아갈 때 사탄의 속박 아래 있는 사람들을 건져 낼 수 있는 위력이 있습니다.

6 하나님의 전신 갑주 가운데 당신에게 약한 부분은 어디입니까?

　함께 자신의 연약함을 나누도록 합니다. 그리고 인도자는 훈련생들이 이 연약함에 머물러 있지 않도록 아래의 질문을 통해 어떻게 승리하는 삶을 살 수 있을지 확인해 봅시다.

7 우리는 결국 영적 전쟁에서 승리하게 됩니다. 그 이유는 무엇입니까? (요 16:33; 요일 4:4; 롬 16:20; 엡 6:10)

> **요 16:33** 이것을 너희에게 이르는 것은 너희로 내 안에서 평안을 누리게 하려 함이라 세상에서는 너희가 환난을 당하나 담대하라 내가 세상을 이기었노라
>
> **요일 4:4** 자녀들아 너희는 하나님께 속하였고 또 그들을 이기었나니 이는 너희 안에 계신 이가 세상에 있는 자보다 크심이라
>
> **롬 16:20a** 평강의 하나님께서 속히 사탄을 너희 발 아래에서 상하게 하시리라
>
> **엡 6:10** 끝으로 너희가 주 안에서와 그 힘의 능력으로 강건하여지고

‣ 예수 그리스도의 완전한 승리

예수 그리스도께서 이미 승리하셨기 때문입니다(D-day). 예수님께서는 십자가와 부활을 통해 악한 영들을 향해 결정적인 승리를 거두셨습니다(골 2:15[10]). 사탄의 군대는 치명타를 맞았고 다시는 세력을 회복할 수 없게 되었습니다. 그러나 하나님의 최종적인 승리의 날은 아직 오지 않았습니다. 그리스도께서 영광 중에 재림하실 때 비로소 최종적인 승리가 선포될 것입니다(V-day). 그때까지 사탄과 악한 영들은 여전히 역사하면서 성도 개인과 교회를 공격할 것입니다. 전투가 아직 완전히 끝나지 않은 것입니다. 하지만, 우리는 예수 그리스도께서 이미 이겨 놓으신 싸움을 임하고 있음을 기억해야 합니다. 그리고 우리의 싸움의 승패는 우리의 전투력과 전략에 달려 있는 것이 아닙니다. 4번의 질문에서 살펴본 다윗의 승승장구(乘勝長驅)의 원리를 다시 확인해 봅시다. 오직 우리 안에 역사하시는 주님의 능력으로 싸울 때 이기는 것입니다(엡 6:10). 이와 같은 승리의 원리대로 살아갈 때 주시는 놀라운 영적 승리의 기쁨을 누리며 살기를 소원합니다.

> **참고**

D(Decision)-day와 V(Victory)-day

오스카 쿨만(Oscar Cullmann)은 제2차 세계대전의 그림을 이용하여 하나님과 영적 존재들과의 싸움을 설명합니다. 1944년 6월 6일, 연합군이 노르망디에서 상륙하던 날

---

10) 통치자들과 권세들을 무력화하여 드러내어 구경거리로 삼으시고 십자가로 그들을 이기셨느니라

(D-day) 제2차 세계대전의 승리가 결정되었습니다. 그러나 연합군이 최종적인 승리를 거둔 날(V-day)은 그때부터 거의 일 년이 지난 1945년 5월 8일이었습니다. 노르망디 상륙작전으로 결정적인 승리를 거둔 이후에도 연합군은 수많은 전투를 해야 했고, 많은 사상자들이 생겼습니다. 그러나 독일군은 연합군의 진격을 막아 낼 수 없었습니다.

8 영적 전쟁에 대해 새롭게 깨달은 것은 무엇입니까? 그리고 어떻게 하면 승리하는 삶을 지속할 수 있을지 나누어 봅시다.

에베소서 6장에서 언급한 전신갑주의 모든 부분은 사실 말씀과 기도와 깊은 연관성이 있습니다. 말씀을 많이 읽고 알고 외우고 확신하게 될 때 우리에게 믿음과 행함 그리고 선포할 수 있는 담대함이 생깁니다. 하나님의 전신갑주를 소개한 후 등장하는 에베소서 6장 18절 말씀은 다음과 같습니다. "모든 기도와 간구를 하되 항상 성령 안에서 기도하고 이를 위하여 깨어 구하기를 항상 힘쓰며 여러 성도를 위하여 구하라." 항상 기도함으로 전신갑주를 취해야 전투를 수행할 수 있음을 말해 줍니다. 기도는 영적인 무기 그 이상의 것입니다. 말씀을 통한 기도 없이 승리는 없습니다. 그리스도의 좋은 군사는 늘 말씀을 가까이하며 깨어 기도하는 사람입니다. 이것만이 영적 싸움의 승리 원리입니다. 날마다 말씀과 기도의 신실한 제자로서 삶이 곧 강인한 군사로서의 삶임을 기억하며, 다시금 최선을 다하는 제자훈련이 되길 도전합시다.

Transform   세상 속으로

영적 전쟁은 우리의 삶에서 매일 일어납니다. 나의 삶에 어떤 영적 전쟁이 있는지 민감하게 살펴봅시다. 한 주 동안 치러 낸 영적 전쟁에 대해 기록한 후, 돌아오는 모임 시간에 나누어 봅시다.

※ 이제부터는 우리 삶에서 쉽게 지나쳤던 일들이 영적 전쟁으로 보이기 시작할 것입니다. 어떤 일들이 일어났는지 기록해 보고, 어떻게 대처했는지, 그리고 결과도 함께 나눠 보도록 합니다.

	주일	월	화	수
개인				
가정				
사회 (직장)				

	목	금	토	
개인				하나님은 절대 패하지 않으신다. 그분은 미움을 받고, 공격을 당하고, 저항을 받으시지만, 궁극적인 결과는 확실하다.
가정				
사회 (직장)				– 앤드류 형제 –

마무리

1. 인도자는 오늘 배운 내용에 대해서 간략하게 정리한 후, 훈련생 개인의 삶에 적용, 도전을 주며 통성기도를 이끌어 갑니다.

2. 마침 기도는 훈련생이 하도록 합니다. 마침 기도에 대해 미리 마음의 준비를 해 올 수 있도록, 한 주 전에 정해서 알려 주도록 합니다.

5과

거룩한 삶

모임을 시작하기 전,	❶ 과제물과 "내 영혼의 거울"(개인별 점검표)을 모임 하루 전까지 총무에게 카톡 또는 메일로 제출할 수 있도록 사전에 공지

❷ 총무는 "내 영혼의 거울"(개인별 점검표)을 취합하여 반별 점검표를 작성한 후 과제물과 함께 목회자에게 제출

❸ 목회자는 모임 전에 미리 "내 영혼의 거울" 및 항목별 과제 점검

❹ 모임 시작 전, 각 개인의 영성생활을 점검해 주는 코멘트를 반드시 해 주시길 바랍니다.

1. 찬양

2. 합심기도

1) 지난 한 주간을 돌아보며, 회개의 시간을 갖고 거룩함을 위해 기도합니다.

2) 성령 하나님을 초청, 충만하게 모임 가운데 임재하여 달라고 간구합니다.

3) 제자훈련을 통해 진정한 예수님의 제자가 되길, 이를 위해 최선을 다해 훈련에 임하길 기도합니다.

4) 인도자가 대표기도로 마무리를 하고 모임을 시작합니다.

3. 암송 시험

1) 한 명씩 돌아가며 제시된 두 구절을 외우도록 합니다.

① 이 세상이나 세상에 있는 것들을 사랑하지 말라 누구든지 세상을 사랑하면 아버지의 사랑이 그 안에 있지 아니하니 이는 세상에 있는 모든 것이 육신의 정욕과 안목의 정욕과 이생의 자랑이니 다 아버지께로부터 온 것이 아니요 세상으로부터 온 것이라 요일 2: 15-16

② 오직 너희를 부르신 거룩한 이처럼 너희도 모든 행실에 거룩한 자가 되라 기록되었으되 내가 거룩하니 너희도 거룩할지어다 하셨느니라 벧전 1:15-16

4. 과제 점검

1) "내 영혼의 거울" 중심으로 과제를 점검합니다.

2) 각 훈련생마다 영성생활을 점검해 줍니다. 잘한 부분은 칭찬, 부족한 부분은 잘할 수 있도록 동기부여를 해 줍니다.

5. 삶 나눔 및 생활숙제 나눔

1) 지난 한 주 동안 있었던 즐거웠던 일, 슬펐던 일 등 한 주간의 이슈를 나눕니다.

   ※ 슬프거나 안타까운 일을 들었을 때, 성령님의 인도하심에 따라 바로 합심기도를 해도 좋겠습니다.

2) 지난 주 과제였던 생활숙제 나눔을 가집니다.

6. Q.T 나눔

1) 정해진 본문에 따라 묵상해 온 것을 함께 돌아가며 나누도록 합니다.

2) 시간을 고려하여 정해진 몇 명만 나눠도 괜찮습니다. 다음 주에는 나누는 인원이 겹치지 않고 골고루 나눌 수 있도록 유도합니다.

7. 독후감 나눔

1) 목회자는 가능하면 수업 전에 훈련생들이 제출한 독후감 『무릎으로 승부하라』(김은호 저) 중 한두 가지를 선정하여 발표하게 합니다.

2) 『무릎으로 승부하라』(김은호 저)를 읽고 느낀 점을 간단히 나눕니다.

8. 공지 사항

1) 다음 주에 암송 시험이 있습니다. 1과부터 6과까지의 12개 구절을 모두 외워올 수 있도록 공지해 주시기 바랍니다.

현재 한국교회의 신뢰도는 바닥입니다. 기독교인은 많은데, 참 기독교인이 많이 없는 상황입니다. 간디가 이런 말을 했다고 합니다. "나는 예수를 사랑한다. 그런데 기독교인은 싫어한다. 왜냐하면, 그들은 예수를 닮지 않았기 때문이다." 외형만 커져 있는 기형적인 교회의 모습의 돌파구는 무엇일까요? 오늘 "거룩한 삶"에 관해 다루며 우리가 진정으로 회복해야 할 것이 무엇인지 살펴보도록 합시다.

Connect 말씀 속으로

1 우리에게 거룩한 삶이 왜 중요한지 베드로전서 1장 10-17절을 통해 알아봅시다.

> **10** 이 구원에 대하여는 너희에게 임할 은혜를 예언하던 선지자들이 연구하고 부지런히 살펴서 **11** 자기 속에 계신 그리스도의 영이 그 받으실 고난과 후에 받으실 영광을 미리 증언하여 누구를 또는 어떠한 때를 지시하시는지 상고하니라

12 이 섬긴 바가 자기를 위한 것이 아니요 너희를 위한 것임이 계시로 알게 되었으니 이것은 하늘로부터 보내신 성령을 힘입어 복음을 전하는 자들로 이제 너희에게 알린 것이요 천사들도 살펴 보기를 원하는 것이니라 **13** 그러므로 너희 마음의 허리를 동이고 근신하여 예수 그리스도께서 나타나실 때에 너희에게 가져다 주실 은혜를 온전히 바랄지어다 **14** 너희가 순종하는 자식처럼 전에 알지 못할 때에 따르던 너희 사욕을 본받지 말고 **15** 오직 너희를 부르신 거룩한 이처럼 너희도 모든 행실에 거룩한 자가 되라 **16** 기록되었으되 내가 거룩하니 너희도 거룩할지어다 하셨느니라 **17** 외모로 보시지 않고 각 사람의 행위대로 심판하시는 이를 너희가 아버지라 부른즉 너희가 나그네로 있을 때를 두려움으로 지내라

1) 베드로는 하나님이 우리를 부르신 이유를 어떻게 설명합니까? (15절)

15 오직 너희를 부르신 거룩한 이처럼 너희도 모든 행실에 거룩한 자가 되라

▸ **거룩한 자가 되게 하시기 위해**

하나님은 거룩하시기에 우리 역시도 거룩하기를 원하십니다.

2) 성경이 말하는 거룩함이란 무엇입니까? (레 19:2; 참고. 마 5:48)

> **레 19:2** 너는 이스라엘 자손의 온 회중에게 말하여 이르라 너희는 거룩하라 이는 나 여호와 너희 하나님이 거룩함이니라
>
> **마 5:48** 그러므로 하늘에 계신 너희 아버지의 온전하심과 같이 너희도 온전하라

▸ 하나님의 기준으로서의 거룩함

하나님 안에 완전한 거룩함이 있기 때문에, 하나님의 기준대로 거룩한 삶을 살아야 한다고 말씀합니다. 다시 말하면 거룩함의 기준은 사람이 아닌 하나님입니다. 또한 예수님께서는 하나님 아버지의 온전하심과 같이 온전하라고 말씀하십니다. 이 의미는 하나님과 동등한 온전함이 아닌, 그분의 온전하심을 닮아 가고 거기에 근접한 삶을 살아갈 것을 촉구하고 있습니다.

참고

'거룩'이란?

거룩(holiness)이란, 히브리어로 "카도쉬"라고 하고, 헬라어로 "하기오스"라고 합니다. 그런데 이 말은 "구별되다", "잘라 내다"란 뜻입니다. 즉 거룩이란, 이 세상 사람들의 삶의 방식과 구별되고, 옳지 않은 것은 잘라 내야 함을 말합니다. 세상을 살아가나, 세상의 방식대로의 삶을 거절하는 것을 뜻합니다. 그렇다고 이 말이 성속의 이원화를 뜻하는 것이 아닙니다. 거룩함의 내적 추구는 외적으로도 나타나야 합니다. 이것은 결국 성속의 일원화를 추구하라는 말입니다.

3) 우리가 거룩한 삶을 살아야 하는 근본적인 이유는 무엇입니까?

① 16절 (참고. 벧후 1:4)

벧전 1:16 기록되었으되 내가 거룩하니 너희도 거룩할지어다 하셨느니라

벧후 1:4 이로써 그 보배롭고 지극히 큰 약속을 우리에게 주사 이 약속으로 말미암아 너희가 정욕 때문에 세상에서 썩어질 것을 피하여 신성한 성품에 참여하는 자가 되게 하려 하셨느니라

▸ **하나님의 명령이기에**

거룩한 삶을 살아야 하는 근본적인 이유는 하나님께서 우리에게 주신 명령이 "거룩할지어다"이기 때문입니다. 그뿐만 아니라 하나님께서 모든 성도가 신성한 성품에 참여할 수 있게 하셨기 때문입니다. 즉 우리로 하여금 거룩함의 신성한 성품에 참여함으로써 정욕 때문에 세상에서 썩어질 것을 피할 수 있게 하셨습니다. 이것을 이루기 위한 가장 좋은 방법은 명령하신 하나님과의 친밀한 사귐입니다. 하나님과 깊은 사귐이 있을 때 거룩해지므로, 자연스럽게 정욕을 피할 수 있습니다.

② 14, 17절

14 너희가 순종하는 자식처럼 전에 알지 못할 때에 따르던 너희 사욕을 본받지 말고

> **17** 외모로 보시지 않고 각 사람의 행위대로 심판하시는 이를 너희가 아버지라 부른즉 너희가 나그네로 있을 때를 두려움으로 지내라

▸ 하나님의 자녀이기에

14절에는 '순종하는 자식처럼'이란 표현이 등장합니다. 그리고 17절에는 '아버지'라는 단어가 등장합니다. 이를 통해서 우리는 하나님의 자녀임을, 더 정확히는 하나님의 양자 됨(롬 8:15[11])을 기억해야 합니다. 죄와 사망으로부터 건져 주신 하나님의 은혜를 기억하며, 그분의 양자다운 삶을 살아야 할 것입니다.

4) 무엇이 거룩한 삶을 방해합니까? (참고. 요일 2:16)

> **16** 이는 세상에 있는 모든 것이 육신의 정욕과 안목의 정욕과 이생의 자랑이니 다 아버지께로부터 온 것이 아니요 세상으로부터 온 것이라

▸ 세상에 있는 모든 것 – 육신의 정욕, 안목의 정욕, 이생의 자랑

예수님께서는 간음이 행동만이 아니라, 마음에 욕망을 품고 다른

---

11) 너희는 다시 무서워하는 종의 영을 받지 아니하고 양자의 영을 받았으므로 우리가 아빠 아버지라고 부르짖느니라

사람을 바라보는 것으로 시작된다고 말씀하셨습니다.(마 5:28 [12])
'육신의 정욕'은 성적인 욕망이 대표적입니다.

'안목의 정욕'이란 소유, 물질에 관한 것으로, 재산에 대한 탐욕과 관련이 있습니다. 이는 선악과(창 3:6 [13])를 따 먹은 사건을 떠올리게 합니다. 하나님보다 더 좋아 보이는 모든 것을 탐하는 것이라고 할 수 있습니다.

'이생의 자랑'이란, 자신의 지위나 소유, 자식 자랑 등 내적인 마음의 상태가 외적으로 나오게 되는 자랑을 의미합니다. 결국 자랑하는 것은 하나님의 은혜를 잊어버리고 기쁜 일을 사람 사이의 일로만 여기게 만들어 버립니다.

2 요셉을 통해 거룩한 삶의 원리를 창세기 39장 10-12절에서 배워 봅시다.

> **10** 여인이 날마다 요셉에게 청하였으나 요셉이 듣지 아니하여 동침하지 아니할 뿐더러 함께 있지도 아니하니라 **11** 그러할 때에 요셉이 그의 일을 하러 그 집에 들어갔더니 그 집 사람들은 하나도 거기에 없었더라 **12** 그 여인이 그의 옷을 잡고 이르되 나와 동침하자 그러나 요셉이 자기의 옷을 그 여인의 손에 버려두고 밖으로 나가매

---

12) 나는 너희에게 이르노니 음욕을 품고 여자를 보는 자마다 마음에 이미 간음하였느니라
13) … 먹음직도 하고 보암직도 하고 지혜롭게 할 만큼 탐스럽기도 한 나무인지라

1) 요셉은 보디발의 아내가 유혹할 때 어떻게 했습니까?

‣ 듣지도 않고, 함께 있지도 아니하고, 급기야 도망침

요셉은 보디발의 아내의 유혹 앞에 본능적이 아닌, 의지적으로 행동하였습니다. 보디발의 아내의 유혹을 듣지도, 함께 있지도 않았으며, 강한 유혹 앞에서 도망하는 행동을 취했습니다. 이는 연약한 우리에게 시사해 주는 바가 큽니다. 강한 유혹의 도전 앞에 직면했을 때 유혹과 싸워 이기겠다는 것보다 그 자리를 피하는 것이 상책임을 보여 줍니다.

2) 당신은 거룩한 삶을 위해 요셉처럼 유혹을 잘 피하고 있습니까? 요즘 당신이 피해야 할 유혹은 어떤 것입니까?

훈련생들에게 1-4번에서 다룬 '육신의 정욕과 안목의 정욕, 이생의 자랑' 중 자신에게 가장 강하게 다가오는 유혹을 나눠 보도록 합니다. 사실 인간은 참으로 유약하여 모두가 다 비슷한 영역에서 힘들어하고 있을 것입니다. 이에 공감대를 형성하게 하며, 이를 어떻게 극복할 수 있을지 아래의 내용을 통해 찾아가 보도록 합시다.

3 이와 다르게, 다윗은 거룩한 삶을 사는 데 실패했습니다. 그 이유를 사무엘하 11장 1-5절에서 찾아봅시다.

> 1 그 해가 돌아와 왕들이 출전할 때가 되매 다윗이 요압과 그에게 있는 그의 부하들과 온 이스라엘 군대를 보내니 그들이 암몬 자손을 멸하고 랍바를 에워쌌고 다윗은 예루살렘에 그대로 있더라 2 저녁 때에 다윗이 그의 침상에서 일어나 왕궁 옥상에서 거닐다가 그 곳에서 보니 한 여인이 목욕을 하는데 심히 아름다워 보이는지라 3 다윗이 사람을 보내 그 여인을 알아보게 하였더니 그가 아뢰되 그는 엘리암의 딸이요 헷 사람 우리아의 아내 밧세바가 아니니이까 하니 4 다윗이 전령을 보내어 그 여자를 자기에게로 데려오게 하고 그 여자가 그 부정함을 깨끗하게 하였으므로 더불어 동침하매 그 여자가 자기 집으로 돌아가니라 5 그 여인이 임신하매 사람을 보내 다윗에게 말하여 이르되 내가 임신하였나이다 하니라

1) 다윗의 거룩함의 실패는 어떤 순서로 일어났습니까? 이 실패의 원인은 무엇입니까? (1-2절)

▸ **게으름 – 바라봄 – 범죄함**

다윗은 왕들이 암몬 족속과의 전쟁에 랍바(암몬의 수도)로 출전할 때가 되었음에도 출전하지 않았습니다. 다윗왕이 출전하지 않은 이유는 군대장관 요압의 군사기술을 확신하였거나, 긴급한 외교문제가 있었거나, 아니면 국내에 벌어지는 일을 치리하기 위함 중 하나였을 것입니다. 하지만 그럼에도 다윗은 출전을 해야만 했습니다. 당시 '온 이스라엘 군대'가 출전한 상황이었기에 군대를 이끄는 왕이 출전하지 않았다는 것은 다윗의 나태함이요, 게으름 때문입니다

(게으름).

또한 저녁때에 그의 침상에서 일어났습니다. 왕궁 옥상(약 15m 정도의 예루살렘성에서 가장 높은 위치)을 거닐다가 '안목의 정욕'에 자신을 노출시켰습니다. 히브리어로 보통 수준의 아름다움을 표현할 때 '야파'라는 단어을 사용합니다. 그런데 성경에서는 밧세바의 외모를 묘사할 때 히브리어 원문에서 '토바트 마르에 메오드'라고 표현하며 그녀가 심히 아름다웠음을 강조하고 있습니다. 무엇을 보느냐가 너무나 중요합니다. 하와도 선악과를 바라보자, 마음이 흔들리기 시작하였습니다. 사람이 무엇을 집중하여 보느냐에 따라 생각이 좌지우지되기 쉽습니다(바라봄).

다윗은 속으로 탐하는 데 멈추지 않고 사람을 보냈습니다. 무릇 지킬 만한 것 중에 마음을 지켰어야 했는데(잠 4:23) 다윗은 그렇게 하지 못했습니다. 다윗은 모든 것을 하나님이 보고 계신다는 사실을 잊어버렸습니다(범죄함).

2) 다윗이 거룩함을 지키지 못한 근본적인 이유는 무엇입니까?
   (참고. 시 61:7)

7 그가 영원히 하나님 앞에서 거주하리니 인자와 진리를 예비하사 그를 보호하소서

▸ 신전의식(神前意識)의 결여

다윗은 이 순간만큼은 하나님을 의식하지 않았습니다. 자신의 생

각을 행동으로 옮기는 과정 속에서 하나님을 배제하고 움직이기 시작합니다. 평소 다윗의 모습과는 너무나 다릅니다. 그는 항상 하나님께 묻고 답을 구하는 인생이었습니다(삼하 2:1[14], 5:19[15]). 이것은 죄 된 본성이 얼마나 무서운지 보여 줍니다. 하나님의 마음에 합한 다윗(행 13:22[16])조차도 이처럼 죄 앞에서는 무감각한 모습을 보입니다. 이는 우리 모두도 죄를 짓는 순간만큼은 무신론자가 될 가능성이 큼을 알려 줍니다. 이에 하나님 앞에서 살아가는 코람데오(Coram Deo)의 신전의식(神前意識)이 우리에게 반드시, 날마다 필요합니다.

4 우리가 거룩하게 살아야 할 영역은 어디까지입니까?

1) 베드로전서 1:15

15 오직 너희를 부르신 거룩한 이처럼 너희도 모든 행실에 거룩한 자가 되라

---

14) 그 후에 다윗이 여호와께 여쭈어 아뢰되 내가 유다 한 성읍으로 올라가리이까 여호와께서 이르시되 올라가라 다윗이 아뢰되 어디로 가리이까 이르시되 헤브론으로 갈지니라

15) 다윗이 여호와께 여쭈어 이르되 내가 블레셋 사람에게로 올라가리이까 여호와께서 그들을 내 손에 넘기시겠나이까 하니 여호와께서 다윗에게 말씀하시되 올라가라 내가 반드시 블레셋 사람을 네 손에 넘기리라 하신지라

16) 폐하시고 다윗을 왕으로 세우시고 증언하여 이르시되 내가 이새의 아들 다윗을 만나니 내 마음에 맞는 사람이라 내 뜻을 다 이루리라 하시더니

‣ 모든 행실

삶의 모든 영역에서의 거룩함입니다. 교회에서만이 아닌 가정에서도, 세상 속에서도 우리는 세상 풍조에 따르지 않는 구별된 하나님의 자녀로서의 삶을 살아야 합니다.

2) 고린도전서 3:16-17

> **16** 너희는 너희가 하나님의 성전인 것과 하나님의 성령이 너희 안에 계시는 것을 알지 못하느냐 **17** 누구든지 하나님의 성전을 더럽히면 하나님이 그 사람을 멸하시리라 하나님의 성전은 거룩하니 너희도 그러하니라

‣ 성전으로서의 전인적인 영역

우리의 몸과 영혼은 하나님의 성전입니다. 단순히 영혼만이 거룩함을 추구하는 것이 아닙니다. 우리는 몸으로도 거룩함을 추구해야 합니다. 로마서 12장 1절은 다음과 같이 기록합니다. "그러므로 형제들아 내가 하나님의 모든 자비하심으로 너희를 권하노니 너희 몸을 하나님이 기뻐하시는 거룩한 산 제물로 드리라 이는 너희가 드릴 영적 예배니라." 우리의 몸을 하나님께 제물로 드림으로써 우리가 예배할 수 있다고 합니다. 이 말씀을 크리소스톰은 다음과 같이 주석하였습니다. "그러면 몸이 어떻게 제물이 될 수 있다는 것인가? 눈으로 일체 악한 것을 보지 않게 하라. 그러면 눈이 제물이 될 것이다. 혀로 일체 불결한 것을 말하지 말게 하라. 그러면 혀가 제물이 될

것이다. 손으로 일체 불법한 행위를 하지 않게 하라. 그러면 손은 온전히 드리는 번제가 될 것이다." 이를 종합해 본다면, 우리의 몸과 영혼의 전인적인 영역에서 거룩함을 추구해야 합니다.

3) 고린도후서 7:1

> **1** 그런즉 사랑하는 자들아 이 약속을 가진 우리는 하나님을 두려워하는 가운데서 거룩함을 온전히 이루어 육과 영의 온갖 더러운 것에서 자신을 깨끗하게 하자

▸ 자녀로서의 전인적인 영역

위에서 살펴본 내용은 성전으로서의 나를 반영합니다. 이 구절은 하나님의 자녀로서의 전인적인 거룩함의 추구를 말하고 있습니다.('이 약속'은 고린도후서 6장 18절[17]의 아버지와 자녀와의 관계를 반영합니다.) 우리가 추구하는 거룩함의 영역은 하나님 아버지의 거룩함에 근접할 만큼이라는 것을 말하고자 함입니다. 우리 모두는 하나님의 거룩하심의 언저리에 최대한 도달하기 위해 애를 써야 합니다.

---

17) 너희에게 아버지가 되고 너희는 내게 자녀가 되리라 전능하신 주의 말씀이니라 하셨느니라

5 거룩한 삶을 살기 위해 항상 기억해야 할 원리가 있습니다. 그 내용은 무엇입니까?

1) 첫 번째 원리는 무엇입니까? (벧전 1:10-11; 참고. 딤전 4:5)

> **벧전 1:10-11 10** 이 구원에 대하여는 너희에게 임할 은혜를 예언하던 선지자들이 연구하고 부지런히 살펴서 **11** 자기 속에 계신 그리스도의 영이 그 받으실 고난과 후에 받으실 영광을 미리 증언하여 누구를 또는 어떠한 때를 지시하시는지 상고하니라
>
> **딤전 4:5** 하나님의 말씀과 기도로 거룩하여짐이라

▸ 말씀과 기도

우리가 말씀을 대할 때 단순히 읽는 것만이 아닌, 구약의 선지자들처럼 말씀을 부지런히 연구(행 17:11[18])하고 묵상(시 1:2[19])하는 것이 거룩한 삶에 더욱 유익합니다. 또한 연구하고 묵상하여 깨달은 말씀을 붙들고 기도할 때 우리는 거룩한 삶을 살아갈 수 있습니다. 따라서 거룩한 삶의 완벽한 롤 모델인 예수님처럼 우리도 날마다 말씀과 기도로 살아가야 할 것입니다.

---

18) 베뢰아에 있는 사람들은 데살로니가에 있는 사람들보다 더 너그러워서 간절한 마음으로 말씀을 받고 이것이 그러한가 하여 날마다 성경을 상고하므로
19) 오직 여호와의 율법을 즐거워하여 그의 율법을 주야로 묵상하는도다

2) 두 번째 원리는 근신하는 삶을 사는 것입니다. 여기서 "마음의 허리를 동이고 근신하라"는 말씀은 무슨 뜻입니까? (벧전 1:13)

13 그러므로 너희 마음의 허리를 동이고 근신하여 예수 그리스도께서 나타나실 때에 너희에게 가져다 주실 은혜를 온전히 바랄지어다

> ▸ **늘 깨어 전쟁(사욕)에 대비함**

허리를 동이는 것은 종들이 주인의 명령에 신속하게 수종을 들기 위해서 몸가짐을 갖추는 행동입니다. 또한 전투를 할 때 자기의 몸을 신속하게 움직이도록 하기 위한 행동입니다. 마음의 허리를 동이고 근신하라는 말씀 다음에 등장하는 14절[20]에는 '사욕'이 등장합니다. 이를 통해 우리는 늘 깨어서 우리의 삶에 찾아오는 영적인 전쟁, 즉 다윗조차 무너뜨린 사욕에 늘 대비해야 함을 말합니다.

3) 세 번째 원리는 성도들이 함께하는 것입니다. 함께할 때 무엇이 유익합니까? 또한 무엇을 추구해야 합니까? (전 4:12; 딤후 2:22)

전 4:12 한 사람이면 패하겠거니와 두 사람이면 맞설 수 있나니 세 겹 줄은 쉽게 끊어지지 아니하느니라

---

20) 너희가 순종하는 자식처럼 전에 알지 못할 때에 따르던 너희 사욕을 본받지 말고

‣ 유익 : 패하지 않음

고대 근동의 여행자들에게는 늘 위험이 도사렸습니다. 그러나 동로자(同路者)가 있으면 쉽게 당하지 않을 수 있습니다. 이에 함께 거룩으로 향하는 동로자가 있다면, 사탄의 도전이 오더라도 쉽게 무너지지 않을 수 있습니다.

‣ 추구점 : 의, 믿음, 사랑, 화평

청년의 때에 찾아오는 불같은 정욕(성적인 욕구만이 아닌 일반적인 악한 욕구를 통틀어 말함)을 요셉처럼 피하고(소극적인 노력), 의와 믿음과 사랑과 화평을 따라야 합니다(적극적인 노력). 이 추구점들은 공동체 안에서 실현이 가능합니다. 함께 의를 추구하고, 함께 믿음을 추구하며, 함께 사랑하고, 함께 화평하고자 노력할 때 정욕을 피할 수 있습니다. 이것이 공동체가 가지는 놀라운 힘입니다.

4) 마지막으로 예수님이 가르쳐 주신 거룩한 삶의 중요한 원리는 무엇입니까? (마 26:41)

‣ 늘 깨어 기도하는 것

다시 한번 더 기도를 강조하고자 합니다. 우리 주변에 도사리는 시험, 즉 유혹을 이길 수 있는 방법은 오직 기도밖에 없습니다. 우리 육신은 약하기 때문입니다. 종교개혁자 마틴 루터는 이런 명언을 남겼습니다. "새가 머리 위를 날아다니는 것은 막을 수 없을지라도, 내 머리 위에 둥지를 틀지 않게는 할 수 있다." 새는 죄를 비유합니다. 전적으로 타락한 세상에서 죄는 늘 우리 주변을 날아다니고 있습니다. 하지만, 그 죄의 둥지를 내 마음에 계속 두게 하면 안 됩니다. 내 마음에서 죄의 둥지를 제거할 수 있는 유일한 방법은 기도입니다. 모일 때마다 기도하고, 정기적이고 지속적으로 기도합시다. 그리하면 성령께서 내주하시어 우리 안에 죄의 유혹을 날마다 극복하게 하실 것입니다.

6. 거룩한 삶을 살기 위한 나의 결단을 적고, 함께 나누어 봅시다.

각자의 삶에서 간과했던 부분이나, 미처 생각하지 못했던 부분이 있었는지를 먼저 질문해 봅니다. 그리고 그 부분에 대해서 거룩함을 추구하기 위한 결단을 나누게 합니다. 그리고 그 결단이 능력으로 나타나려면, 오직 성령의 은혜를 힘입어야 함을 강조하며 마무리기도 시 이 부분을 가지고 함께 통성기도를 합시다.

우리 안에 있는 죄성은 삶에서 유혹을 통해 드러납니다. 내 안에 있는 죄성을 대적하고 거룩함을 지키기 위해서는 영적 결단이 필요합니다. 아래 표에 기록된 예시를 따라 거룩한 결단을 하고, 한 주 동안 실천에 옮긴 후 그 결과를 평가해 봅시다.

내 안의 죄성	거룩함을 위한 결단	결단의 실천 결과
(배우자를) 만족하지 못한다.	"내 남편이 최고야!"라고 선포한다. "내 아내만 사랑해"라고 선포한다. 남편은 인정, 아내는 사랑에 대한 확신을 받을 때 만족합니다. 배우자에 대해 만족하기 위해 이 표현을 매일 3번 실천하도록 합니다.	한 주간 실천 후 배우자의 반응을 적어 봅니다.
돈을 사랑한다.	어려운 개척교회 목사님들이나, 선교사님에게 헌금 보낸다. 돈을 사랑함이 아닌, 다스리기 위해서 위의 내용을 실천해 봅니다. 액수는 중요하지 않습니다. 마음의 중심이 중요합니다.	목회자분들의 반응을 적어 봅니다.
나를 자랑한다.	"하나님이 하셨습니다"라고 선포한다. 자랑하고 싶은 욕구가 생겼을 때, 하나님을 떠오르게 합니다. 그리고 표현하게 합니다.	자랑하고 싶을 때 반사적으로, 무의식적으로 "하나님이 하셨습니다."라는 표현을 했을 때 마음의 변화를 적어 봅니다.
권력을 추구한다.	예수님의 낮아지심을 생각한다. 내가 처한 모든 상황과 환경 속에서 내가 할 수 있는 낮아짐을 실천케 합니다.	설거지, 청소, 신발 정리, 휴지 줍기, 휴지통 비우기 등 내가 가정, 직장 등에서 할 수 있는 일들을 실천해 보고, 그 느낌을 적어 봅니다.

마무리

1. 인도자는 오늘 배운 내용에 대해서 간략하게 정리한 후, 훈련생 개인의 삶에 적용, 도전을 주며 통성기도를 이끌어 갑니다.

2. 마침 기도는 훈련생이 하도록 합니다. 마침 기도에 대해 미리 마음의 준비를 해 올 수 있도록, 한 주 전에 정해서 알려 주도록 합니다.

Memo

6과

고난과 연단

☆ 오늘은 암송 시험이 있는 날입니다. 모임 시작 전 잠시 기도해 주시고, 시험지 배포 및 시험 시간(약 20분)을 가지십시오.

> **모임을 시작하기 전,**
> ❶ 과제물과 "내 영혼의 거울"(개인별 점검표)을 모임 하루 전까지 총무에게 카톡 또는 메일로 제출할 수 있도록 공지
> ❷ 총무는 "내 영혼의 거울"(개인별 점검표)을 취합하여 반별 점검표를 작성한 후 과제물과 함께 목회자에게 제출
> ❸ 목회자는 모임 전에 미리 "내 영혼의 거울" 및 항목별 과제를 점검
> ❹ 모임 시작 전, 각 개인의 영성생활을 점검해 주는 코멘트를 반드시 해 주시길 바랍니다.

1. 찬양

2. 합심기도

1) 지난 5주간을 돌아보고, 다시 삶을 점검하며 성령 충만함을 위해 기도합니다.

2) 앞으로의 제자훈련을 통해 진정한 예수님의 제자가 되길, 이를 위해 최선을 다해 훈련에 임하길 기도합니다.

3) 인도자가 대표기도로 마무리를 하고 모임을 시작합니다.

3. 암송 시험

1) 한 명씩 돌아가며 제시된 두 구절을 외우도록 합니다.

① 그러나 내가 가는 길을 그가 아시나니 그가 나를 단련하신 후에는 내가 순금 같이 되어 나오리라 욥 23:10

② 고난 당한 것이 내게 유익이라 이로 말미암아 내가 주의 율례들을 배우게 되었나이다 시 119:71

4. 과제 점검

1) "내 영혼의 거울" 중심으로 과제를 점검합니다.

2) 각 훈련생마다 영성생활을 점검해 줍니다. 잘한 부분은 칭찬, 부족한 부분은 잘할 수 있도록 동기부여를 해 줍니다.

5. 삶 나눔 및 생활숙제 나눔

1) 지난 한 주 동안 있었던 즐거웠던 일, 슬펐던 일 등 한 주간의 이슈를 나눕니다.

※ 슬프거나 안타까운 일을 들었을 때, 성령님의 인도하심에 따라 바로 합심 기도를 해도 좋겠습니다.

2) 지난 주 과제였던 생활숙제 나눔을 가집니다.

6. Q.T 나눔

1) 정해진 본문을 묵상해 온 것을 함께 돌아가며 나누도록 합니다.

2) 시간을 고려하여 정해진 몇 명만 나눠도 괜찮습니다. 다음 주에는 나누는 인원이 겹치지 않고 골고루 나눌 수 있도록 유도합니다.

고난이 형벌이라고 생각할 수 있습니다. 그러나 성경 안에서 하나님께서 주시는 고난은 언제나 바른 목적이 있습니다. 오늘 이 훈련을 통해서 고난이 단순한 벌이 아님을, 그리고 그 고난을 통한 하나님의 선하신 목적이 무엇인지를 살펴보는 것이 중요합니다.

Connect   말씀 속으로

1 당신이 지금까지 살면서 경험한 가장 큰 고난은 무엇입니까? 그 고난 속에서 혹시 하나님을 원망하며 낙심하지는 않았습니까? 이 경험에 대해 함께 나누어 봅시다.

모든 사람에게 고난의 경험이 있을 것입니다. 고난 가운데 우리의 연약한 본성 때문에 하나님을 원망한 경험도 있을 것입니다. 이제 고난을 바라보는 관점을 변화시키기 위해 이번 모임을 진행하는 것임을 주지시키는 것이 중요합니다.

2 욥기 1-2장은 우리가 인생에서 경험하는 고난을 잘 보여 줍니다.

1) 욥은 어떤 사람입니까? (1:1, 3, 5, 8)

> **1** 우스 땅에 욥이라 불리는 사람이 있었는데 그 사람은 온전하고 정직하여 하나님을 경외하며 악에서 떠난 자더라
>
> **3** 그의 소유물은 양이 칠천 마리요 낙타가 삼천 마리요 소가 오백 겨리요 암나귀가 오백 마리이며 종도 많이 있었으니 이 사람은 동방 사람 중에 가장 훌륭한 자라
>
> **5** 그들이 차례대로 잔치를 끝내면 욥이 그들을 불러다가 성결하게 하되 아침에 일어나서 그들의 명수대로 번제를 드렸으니 이는 욥이 말하기를 혹시 내 아들들이 죄를 범하여 마음으로 하나님을 욕되게 하였을까 함이라 욥의 행위가 항상 이러하였더라
>
> **8** 여호와께서 사탄에게 이르시되 네가 내 종 욥을 주의하여 보았느냐 그와 같이 온전하고 정직하여 하나님을 경외하며 악에서 떠난 자는 세상에 없느니라

▸ **하나님께 인정을 받은 자**

욥은 온전(죄가 없는 것이 아닌, 나무랄 데 없다는 뜻), 정직하며 하나님을 경외하고(지혜자의 의미) 악에서 떠난 자였습니다(1절). 그리고 부자였으며 훌륭한 자였습니다(3절). 특별히 욥은 자녀들의 생일잔치가 끝나면 아침 일찍 일어나 자녀들의 명수대로 번제를 드렸습니다. 혹시라도 자녀들이 생일잔치 동안 '마음으로 하나님을 욕되게 하지 않았을까' 하는 것 때문이었습니다(5절). 하나님께서는 이 모든 부분을 통하여 욥을 인정해 주셨습니다(8절).

2) 욥이 받은 4가지 고난은 무엇입니까?

① 1:13-17

> 13 하루는 욥의 자녀들이 그 맏아들의 집에서 음식을 먹으며 포도주를 마실 때에 14 사환이 욥에게 와서 아뢰되 소는 밭을 갈고 나귀는 그 곁에서 풀을 먹는데 15 스바 사람이 갑자기 이르러 그것들을 빼앗고 칼로 종들을 죽였나이다 나만 홀로 피하였으므로 주인께 아뢰러 왔나이다 16 그가 아직 말하는 동안에 또 한 사람이 와서 아뢰되 하나님의 불이 하늘에서 떨어져서 양과 종들을 살라 버렸나이다 나만 홀로 피하였으므로 주인께 아뢰러 왔나이다 17 그가 아직 말하는 동안에 또 한 사람이 와서 아뢰되 갈대아 사람이 세 무리를 지어 갑자기 낙타에게 달려들어 그것을 빼앗으며 칼로 종들을 죽였나이다 나만 홀로 피하였으므로 주인께 아뢰러 왔나이다

▸ 모든 재산을 잃음

욥은 하루아침에 그 많은 재산을 다 잃어버리고 말았습니다. 갑자기 스바 사람과 갈대아 사람들이 나타나 모든 가축을 다 빼앗아 가 버렸기 때문입니다. 하루아침에 모든 재산을 잃어버린 욥의 심정은 어떠하였을까요. 사업의 실패를 경험해 보신 분은 욥의 심정을 이해할 것입니다.

② 1:18-19

> **18** 그가 아직 말하는 동안에 또 한 사람이 와서 아뢰되 주인의 자녀들이 그들의 맏아들의 집에서 음식을 먹으며 포도주를 마시는데 **19** 거친 들에서 큰 바람이 와서 집 네 모퉁이를 치매 그 청년들 위에 무너지므로 그들이 죽었나이다 나만 홀로 피하였으므로 주인께 아뢰러 왔나이다 한지라

▸ 자녀들의 목숨을 잃음

욥은 10명의 자녀를 한꺼번에 잃습니다. 7남 3녀의 자녀가 맏형의 집에서 함께 모여 음식을 먹고 있었는데, 큰 바람이 불어와 집이 무너짐으로 모두 죽임 당했습니다. 한 명의 자식을 먼저 떠나보내도 부모는 그 자식을 가슴에 묻고 고통스러워하는데 10명의 자녀를 모두 잃어버린 욥의 심정을 우리가 감히 헤아리기는 참으로 어렵습니다.

③ 2:7

> **7** 사탄이 이에 여호와 앞에서 물러가서 욥을 쳐서 그의 발바닥에서 정수리까지 종기가 나게 한지라

▸ 악성 종기가 남

욥은 온몸에 악성 피부병이 생겼습니다. 악성 종기로 인하여 온몸이 빨갛게 부풀어 오르고 환부에서는 고름이 흘러내렸으며, 그보다

더 고통스러운 것은 가려움증이었습니다. 따라서 8절을 보면 욥이 재 가운데 앉아 질그릇 조각을 가져다가 자기의 몸을 긁고 있습니다. 그 몰골이 얼마나 험악했던지 욥을 위로하기 위하여 찾아온 세 친구들도 처음에는 욥을 알아보지 못했을 정도였습니다.

④ 2:9

> **9** 그의 아내가 그에게 이르되 당신이 그래도 자기의 온전함을 굳게 지키느냐 하나님을 욕하고 죽으라

▸ 아내의 악담

절망적인 상황 속에서 욥의 아내가 나타나 하나님을 욕하고 죽으라고 말합니다. 당신이 믿는 하나님이 살아 계신다면 어떻게 이런 일이 일어날 수 있겠느냐며, 차라리 이제 신앙을 포기하고 하나님을 욕하고 죽어 버리라는 말입니다. 욥의 아내는 이런 악담을 통하여 욥의 마음에 비수를 꽂습니다.

3) 욥의 세 친구가 보인 반응을 볼 때 욥이 받은 고난은 얼마나 심
   각했을까요? (2:12-13)

> 12 눈을 들어 멀리 보매 그가 욥인 줄 알기 어렵게 되었으므로 그들이 일
> 제히 소리 질러 울며 각각 자기의 겉옷을 찢고 하늘을 향하여 티끌을 날
> 려 자기 머리에 뿌리고 13 밤낮 칠 일 동안 그와 함께 땅에 앉았으나 욥
> 의 고통이 심함을 보므로 그에게 한마디도 말하는 자가 없었더라

▸ 얼굴을 못 알아보고 칠 일 동안 아무 말도 못할 정도였음

욥을 위로하기 위하여 찾아온 친구들은 심한 고통으로 인해 알아
보지 못할 만큼 변한 욥의 모습을 직면합니다. 얼마나 고통이 심했으
면 바로 알아볼 수 없을 만큼 욥의 모습이 심각하게 변해있었습니다.
   친구들 또한 욥에게 칠 일 동안 아무 말도 하지 못할 만큼 극심한
고통에 슬퍼했습니다.

4) 욥은 극심한 고난 가운데서도 죄를 짓지 않았습니다. 욥은 고난을 겪는 동안에도 어떻게 해서 하나님을 원망하는 죄를 범하지 않을 수 있었습니까? (1:20-22, 2:10)

> **1:20-22** **20** 욥이 일어나 겉옷을 찢고 머리털을 밀고 땅에 엎드려 예배하며 **21** 이르되 내가 모태에서 알몸으로 나왔사온즉 또한 알몸이 그리로 돌아가올지라 주신 이도 여호와시요 거두신 이도 여호와시오니 여호와의 이름이 찬송을 받으실지니이다 하고 **22** 이 모든 일에 욥이 범죄하지 아니하고 하나님을 향하여 원망하지 아니하니라
>
> **2:10** 그가 이르되 그대의 말이 한 어리석은 여자의 말 같도다 우리가 하나님께 복을 받았은즉 화도 받지 아니하겠느냐 하고 이 모든 일에 욥이 입술로 범죄하지 아니하니라

▸ 예배를 통한 하나님의 주권을 신뢰함

1장 20절과 같이 욥은 예배를 드립니다. 예배를 드린다는 것은 내 상황과 환경, 처지와 상관없이 하나님을 경배함을 뜻합니다. 어떻게 이런 상황 속에서 예배를 드릴 수 있었을까요? 욥은 주시고 거두시는 분, 복도 화도 주실 수 있는 하나님의 절대주권을 신뢰했습니다(욥 1:21, 2:10). 1장 22절을 통하여 원망하지 않는 욥의 모습을 보게 됩니다. 이를 위해 그는 입술을 지켰습니다(욥 2:10). 무엇보다 마음을 지키며 입술로 죄를 범하지 않는 것이 중요합니다.

5) 왜 욥에게 이런 고난이 닥쳤습니까? 하나님과 사탄이 나눈 대
   화를 보며 설명해 보세요. (1:6-12)

> **6** 하루는 하나님의 아들들이 와서 여호와 앞에 섰고 사탄도 그들 가운데에 온지라 **7** 여호와께서 사탄에게 이르시되 네가 어디서 왔느냐 사탄이 여호와께 대답하여 이르되 땅을 두루 돌아 여기저기 다녀왔나이다 **8** 여호와께서 사탄에게 이르시되 네가 내 종 욥을 주의하여 보았느냐 그와 같이 온전하고 정직하여 하나님을 경외하며 악에서 떠난 자는 세상에 없느니라 **9** 사탄이 여호와께 대답하여 이르되 욥이 어찌 까닭 없이 하나님을 경외하리이까 **10** 주께서 그와 그의 집과 그의 모든 소유물을 울타리로 두르심 때문이 아니니이까 주께서 그의 손으로 하는 바를 복되게 하사 그의 소유물이 땅에 넘치게 하셨음이니이다 **11** 이제 주의 손을 펴서 그의 모든 소유물을 치소서 그리하시면 틀림없이 주를 향하여 욕하지 않겠나이까 **12** 여호와께서 사탄에게 이르시되 내가 그의 소유물을 다 네 손에 맡기노라 다만 그의 몸에는 네 손을 대지 말지니라 사탄이 곧 여호와 앞에서 물러가니라

▸ 사탄의 시험, 하나님의 허락

　사탄은 욥이 하나님을 신실하게 경외하는 이유에 대해 욥의 인생의 번성 때문임을 주장하며 의심합니다. 사탄은 하나님께서 이 번성의 울타리를 제거하기만 하면 그가 하나님을 철저히 욕할 것이라고 역설합니다. 하나님께서는 이 주장에 동의하지는 않으시지만, 그것을 입증할 것은 허락하십니다. 우리는 이것을 통하여 사탄의 시험은 오직 하나님의 허락 하에만 가능함을 알 수 있습니다. 결국 사탄의 권세도 주권적인 하나님의 통치 아래 있다는 것을 알 수 있습니다.

6) 욥은 사탄의 시험에 넘어지지 않았습니다. 하나님은 이런 욥의 신앙을 어떻게 평가하셨습니까? (2:3)

> **3** 여호와께서 사탄에게 이르시되 네가 내 종 욥을 주의하여 보았느냐 그와 같이 온전하고 정직하여 하나님을 경외하며 악에서 떠난 자가 세상에 없느니라 네가 나를 충동하여 까닭 없이 그를 치게 하였어도 그가 여전히 자기의 온전함을 굳게 지켰느니라

‣ 여전히 자기의 온전함을 굳게 지킴

하나님께서는 욥이 시련과 고난 속에서도 온전함과 정직함으로 하나님을 경외하며 악을 저지르지 않았다고 평가하십니다. 욥기 전체를 통해 욥은 세 친구들로부터 오는 기계적 인과응보에 대한 오류를 배격합니다. 그리고 하나님의 임재하심 앞에서 자신의 인내심 없음을 진심으로 회개하며 순종하였습니다. 온전함을 굳게 지킨 욥의 모습은 고난 중에도 순종하신 예수님의 모습을 바라보게 합니다. 그래서 초대교회 공동체는 고난주간 동안 욥기를 낭독하는 것이 통상적인 관행이었다고 합니다.

3 욥은 고난을 겪고 나서 최종적으로 하나님을 어떤 분이라고 고백했습니까? 이 고백을 통해 당신이 깨달은 점은 무엇입니까?
(욥 42:1-5)

> 1 욥이 여호와께 대답하여 이르되 2 주께서는 못 하실 일이 없사오며 무슨 계획이든지 못 이루실 것이 없는 줄 아오니 3 무지한 말로 이치를 가리는 자가 누구니이까 나는 깨닫지도 못한 일을 말하였고 스스로 알 수도 없고 헤아리기도 어려운 일을 말하였나이다 4 내가 말하겠사오니 주는 들으시고 내가 주께 묻겠사오니 주여 내게 알게 하옵소서 5 내가 주께 대하여 귀로 듣기만 하였사오나 이제는 눈으로 주를 뵈옵나이다

‣ 하나님의 전능하심과 신실하심 고백

욥의 사고는 전환됩니다. 욥의 실수는 고난의 문제에 대한 대답을 하나님께 직접 요구한 것이었습니다. 하나님께서는 욥의 고난을 설명하시거나 정당화하지 않으셨습니다. 그러나 욥이 그 고난을 이해하게 하셨습니다. 하나님은 무슨 일이든 행하실 수 있으신 전능하신 분이시며, 의인이 고난을 당할 때조차도 신실하시고 필연적인 목적을 가지고 계심을 알게 하셨습니다. 우리 또한 이것을 신뢰하면 귀로 듣는 단순한 신학을 넘어, 눈으로 보게 되는 초월적 신앙의 영역을 경험하게 될 것입니다. 이러한 체험은 오직 하나님을 100% 신뢰할 때만 보이는 믿음의 영역입니다.

4 바울은 고린도후서를 시작하면서 자신이 겪은 고난을 이야기했습니다. 더불어 고난 속에서도 소망을 잃지 않았던 이유를 밝혔습니다. 고린도후서 1장을 살펴봅시다.

1) 고린도후서 1장에서 '고난'과 '위로'라는 단어는 몇 번 등장합니까?

▸ **고난 4번 / 위로 10번**

고린도후서 1장을 살펴보면, 고난은 4번, 위로는 총 10번 등장합니다. 압도적으로 위로의 횟수가 많습니다. 이는 고난을 통해 하나님의 위로를 훨씬 더 많이 경험하게 됨을 의미합니다.

2) 바울이 절망적인 상황 속에서도 넘어지지 않았던 첫 번째 이유는 무엇입니까? (3-4절)

> **3** 찬송하리로다 그는 우리 주 예수 그리스도의 하나님이시요 자비의 아버지시요 모든 위로의 하나님이시며 **4** 우리의 모든 환난 중에서 우리를 위로하사 우리로 하여금 하나님께 받는 위로로써 모든 환난 중에 있는 자들을 능히 위로하게 하시는 이시로다

▸ **하나님 아버지의 성품**

하나님 아버지께서는 자비의 아버지시요, 모든 위로의 하나님이

십니다. 우리를 모든 환난 중에 능히 위로하시는 분이시기 때문입니다. 사람의 위로는 한계가 있습니다. 그러나 사람의 마음을 창조하신 하나님의 위로는 우리를 다시 세우는 역사를 일으킵니다.

3) 바울이 고난을 겪으며 깨달은 두 번째 이유는 무엇입니까? (5-6절)

> **5** 그리스도의 고난이 우리에게 넘친 것 같이 우리가 받는 위로도 그리스도로 말미암아 넘치는도다 **6** 우리가 환난 당하는 것도 너희가 위로와 구원을 받게 하려는 것이요 우리가 위로를 받는 것도 너희가 위로를 받게 하려는 것이니 이 위로가 너희 속에 역사하여 우리가 받는 것 같은 고난을 너희도 견디게 하느니라

▸ 그리스도로 말미암는 위로

바울은 고난을 겪을수록 온 인류를 위해 고난을 받으신 예수님을 떠올립니다. 그리고 그 고난으로부터 오는 그리스도의 위로가 넘쳐남을 경험합니다. 우리는 바울처럼 고난 가운데 예수님을 바라볼 수 있어야 합니다. 그리하면 십자가로부터 오는 위로가 우리의 영혼을 적시게 됩니다.

4) 고난 속에서 '위로의 하나님'을 바라보지 못하는 이유는 무엇일까요?

‣ 시선의 문제

위로부터 임하는 하나님의 위로를 경험하기 위해서는 우리의 시선을 위로 향해야 합니다. 그러나 우리는 그렇게 하지 않을 때가 있습니다. 문제에만 매몰되면, 결코 그 문제 밖으로 나올 수 없습니다. 위를 바라보아야 합니다. 오직 십자가를 바라보며 기도할 때 반드시 하나님의 위로를 얻게 되며 문제를 극복하게 됩니다.

5 성경은 고난을 통한 연단이 없으면 어떤 위험이 따른다고 가르칩니까? (신 8:13-14)

> 13 또 네 소와 양이 번성하며 네 은금이 증식되며 네 소유가 다 풍부하게 될 때에 14 네 마음이 교만하여 네 하나님 여호와를 잊어버릴까 염려하노라 여호와는 너를 애굽 땅 종 되었던 집에서 이끌어 내시고

‣ 교만, 망각

편안해지면 교만하게 될 수 있습니다. 교만이란 하나님의 은혜를 망각해 버리는 것입니다. 교만은 모든 결과를 하나님께 돌리지 않고, 자신의 노력으로 쌓은 올린 업적이라고 생각하게 만듭니다. 고난이 없다면 어느새 우리는 '신수성가'(神手成家)가 아니라 '자수성

가'(自手成家)의 착각에 빠진 사람으로 살게 됩니다.

1) 이처럼 당신도 승승장구하여 하나님을 잊어버리고 살았던 적
   이 있습니까?

   승승장구하여 하나님을 잊고 살았거나, 하나님의 도움보다 돈을
좇으며 바쁘게 살았던 때는 없었는지 나눠 봅시다. 소유의 많고 적
음에 관계없이 늘 하나님만을 의지하며 살아가기를 결단합시다.

6 성경은 고난에 어떤 유익이 있는지 설명합니다. 아래의 성경 구절을 찾아 묵상해 봅시다.

1) 신명기 8:2

> **2** 네 하나님 여호와께서 이 사십 년 동안에 네게 광야 길을 걷게 하신 것을
> 기억하라 이는 너를 낮추시며 너를 시험하사 네 마음이 어떠한지 그 명령을
> 지키는지 지키지 않는지 알려 하심이라

▸ **겸손, 순종**

   고난은 우리를 하나님 앞에서 겸손하게 합니다. 오직 우리의 도움
이 하나님에게서 온다는 것을 철저히 의지하게 합니다. 그리고 고난
은 우리를 순종이라는 시험의 무대에 서게 합니다. 고난이라는 시험
을 통과할 수 있는 겸손한 신앙인이 됩시다.

2) 로마서 5:3-4

3 다만 이뿐 아니라 우리가 환난 중에도 즐거워하나니 이는 환난은 인내를, **4** 인내는 연단을, 연단은 소망을 이루는 줄 앎이로다

▸ 인내, 연단, 소망

우리에게 찾아오는 환난은 우리의 평안과 확신을 위협하는 것이 아니라 더 큰 확신으로 나아가게 합니다. 그 이유는 하나님은 환난을 통하여 우리 안에 견디는 힘인 '인내'를 낳게 하시기 때문입니다. 인내는 '연단' 곧 혹독한 시련에 의해서만 얻을 수 있는 힘을 낳으며, 연단은 다시 '소망'을 낳게 합니다. 이런 과정들을 통해 우리는 점진적으로 예수님을 닮아 가게 됩니다.

3) 로마서 8:28

28 우리가 알거니와 하나님을 사랑하는 자 곧 그의 뜻대로 부르심을 입은 자들에게는 모든 것이 합력하여 선을 이루느니라

▸ 합력하여 선을 이룸

하나님께서는 그분의 자녀로 부르신 모든 자들의 삶에 일어나는 일들을 합력하여 선을 이루게 하십니다. 여기서 선을 이루신다는 의

미는 문맥적으로 살펴보았을 때, 예수님의 형상을 본받게 하심이고 (29절[21]), 의로운 삶, 즉 하나님과 더욱 가까운 교제를 하게 하심이며(30절[22]), 최종적인 영화(30절)를 그 목적으로 합니다.

4) 시편 119:50, 67, 71

> **50** 이 말씀은 나의 고난 중의 위로라 주의 말씀이 나를 살리셨기 때문이니이다
>
> **67** 고난 당하기 전에는 내가 그릇 행하였더니 이제는 주의 말씀을 지키나이다
>
> **71** 고난 당한 것이 내게 유익이라 이로 말미암아 내가 주의 율례들을 배우게 되었나이다

▸ 구원, 순종, 배움

우리는 고난을 통과하며 고난의 상황 속에서 구원하시는 하나님의 위로를 경험하게 됩니다(50절). 또한 고난을 통해 나의 잘못된 길을 깨닫고 바르게 수정하며 순종하게 됩니다(67절). 마지막으로 고난을 통해 하나님의 말씀을 배우게 됩니다(71절). 이처럼 고난은 우

---

21) 하나님이 미리 아신 자들을 또한 그 아들의 형상을 본받게 하기 위하여 미리 정하셨으니
22) 또 미리 정하신 그들을 또한 부르시고 부르신 그들을 또한 의롭다 하시고 의롭다 하신 그들을 또한 영화롭게 하셨느니라

리를 향한 진노요, 형벌이 아니라 하나님의 구원을 경험하며 말씀에 순종하는 삶을 배우게 합니다.

7 지금까지 당신은 인생에서 수많은 고난을 경험했을 것입니다. 그러나 하나님은 욥과 바울 이야기를 통해 고난에 영적 유익이 있음을 가르쳐 주셨습니다. 이제는 그 고난을 재해석할 수 있습니다. 앞으로 찾아올 고난을 어떻게 받아들여야 할지 나누어 봅시다.

　하나님의 자녀는 궁극적인 영광을 얻기 위해 고난을 경험해야 합니다(롬 8:17[23]). 이 고난은 그리스도를 닮아 가기 위해 필수적으로 거쳐야 하는 과정입니다. 그래서 사도 바울은 더 적극적으로 그리스도의 남은 고난을 자신의 육체에 채울 것을 말합니다(골 1:24[24]). 이런 관점은 우리가 고난을 다른 시각으로 볼 수 있게 합니다. 물론 나의 죄의 습성으로 인해 발생하는 고난이 있을 수 있습니다. 하지만 하나님께서는 고난이라는 방식을 통하여 우리를 다듬어 가시며 궁극적인 하나님의 영광을 이뤄 가십니다. 만약 우리 삶에 예기치 못한 어려운 일이 찾아온다면 용기 있게 직면하십시오. 그리고 그 고난을 통해 주의 뜻이 이뤄지길 기도하며 난관을 통과하십시오. 그리하면 반드시 우리 안에 계신 성령께서 가장 선한 일을 이루실 것입니다.

---

23) 자녀이면 또한 상속자 곧 하나님의 상속자요 그리스도와 함께 한 상속자니 우리가 그와 함께 영광을 받기 위하여 고난도 함께 받아야 할 것이니라

24) 나는 이제 너희를 위하여 받는 괴로움을 기뻐하고 그리스도의 남은 고난을 그의 몸된 교회를 위하여 내 육체에 채우노라

내가 당한 고난은 때로 누군가에게 위로가 될 수 있습니다. 한 주 동안 주변에 고난을 겪고 있는 형제나 자매가 있다면, 작은 선물(기프티콘 등)을 전달합시다. 그리고 "갑자기 네가 생각나서 보내"와 같은 따뜻한 말 한마디를 더해 봅시다. 그리고 어떤 결과가 있었는지 다음 주에 나누어 봅시다.

경제적인 이유, 건강상의 이유, 신앙의 문제로 힘들어하는 지인이 있을 것입니다. 할 수 있다면 그 지인에게 따뜻한 마음과 선물을 전달해 보세요. 반드시 하나님께서 그 선한 행실로 그 사람의 마음을 만지실 것입니다.

이름	위로의 방법	위로의 결과

마무리

1. 인도자는 오늘 배운 내용에 대해서 간략하게 정리한 후, 훈련생 개인의 삶에 적용, 도전을 주며 통성기도를 이끌어 갑니다.

2. 마침 기도는 훈련생이 하도록 합니다. 마침 기도에 대해 미리 마음의 준비를 해 올 수 있도록, 한 주 전에 정해서 알려 주도록 합니다.

Memo

7과

말의 능력

모임을 시작하기 전,	❶ 과제물과 "내 영혼의 거울"(개인별 점검표)을 모임 하루 전까지 총무에게 카톡 또는 메일로 제출할 수 있도록 사 전에 공지

❷ 총무는 "내 영혼의 거울"(개인별 점검표)을 취합하여 반별 점검표를 작성한 후 과제물과 함께 목회자에게 제출
❸ 목회자는 모임 전에 미리 "내 영혼의 거울" 및 항목별 과제 점검
❹ 모임 시작 전, 각 개인의 영성생활을 점검해 주는 코멘트를 반드시 해 주시길 바랍니다.

1. 찬양

2. 합심기도

1) 지난 한 주간의 삶을 돌아보며 회개의 시간을 갖고 성령 충만함을 위해 기도합니다.

2) 앞으로의 제자훈련을 통해 진정한 예수님의 제자가 되길, 이를 위해 최선을 다해 훈련에 임하길 기도합니다.

3) 인도자가 대표기도로 마무리를 하고 모임을 시작합니다.

3. 암송 시험

1) 한 명씩 돌아가며 제시된 두 구절을 외우도록 합니다.

① 입과 혀를 지키는 자는 자기의 영혼을 환난에서 보전하느니라 잠 21:23
② 내 사랑하는 형제들아 너희가 알지니 사람마다 듣기는 속히 하고 말하기는 더디 하며 성내기도 더디 하라 약 1:19

4. 과제 점검

1) "내 영혼의 거울" 중심으로 과제를 점검합니다.

2) 각 훈련생마다 영성생활을 점검해 줍니다. 잘한 부분은 칭찬, 부족한 부분은 잘할 수 있도록 동기부여를 해 줍니다.

5. 삶 나눔 및 생활숙제 나눔

1) 지난 한 주 동안 있었던 즐거웠던 일, 슬펐던 일 등 한 주간의 이슈를 나눕니다.

※ 슬프거나 안타까운 일을 들었을 때, 성령님의 인도하심에 따라 바로 합심기도를 해도 좋겠습니다.

2) 지난 주 과제였던 생활숙제 나눔을 가집니다.

6. Q.T 나눔

1) 정해진 본문에 따라 묵상해 온 것을 함께 돌아가며 나누도록 합니다.

2) 시간을 고려하여 정해진 몇 명만 나눠도 괜찮습니다. 다음 주에는 나누는 인원이 겹치지 않고 골고루 나눌 수 있도록 유도합니다.

7. 독후감 나눔

1) 다음 주 수업 전까지 필독서 『크리스천 씽킹』(유경상 저)을 읽고 독후감을 제출하도록 안내합니다.

말에는 놀라운 능력이 있습니다. 사람을 살리기도 하고 죽이기도 합니다. 사람에게 꿈을 주기도 하고, 절망을 주기도 합니다. 오늘 이 과를 통해서 나는 과연 어떤 말을 주로 하는 사람인지, 또한 어떻게 하나님이 원하시는 변화를 경험할 수 있는지 점검하고 실천하는 시간이 되기를 바랍니다.

Connect   말씀 속으로

1 40일 동안 가나안 땅을 정탐하고 돌아온 열두 정탐꾼의 보고에는 공통점과 차이점이 있습니다. 그 내용은 각각 무엇입니까?

1) 공통점 (민 13:25-29)

> **25** 사십 일 동안 땅을 정탐하기를 마치고 돌아와 **26** 바란 광야 가데스에 이르러 모세와 아론과 이스라엘 자손의 온 회중에게 나아와 그들에게 보고하고 그 땅의 과일을 보이고 **27** 모세에게 말하여 이르되 당신이 우리를 보낸 땅에 간즉 과연 그 땅에 젖과 꿀이 흐르는데 이것은 그 땅의 과일이니이다 **28** 그러나 그 땅 거주민은 강하고 성읍은 견고하고 심히 클 뿐 아니라 거기서 아낙 자손을 보았으며 **29** 아말렉인은 남방 땅에 거주하고 헷인과 여부스인과 아모리인은 산지에 거주하고 가나안인은 해변과 요단 가에 거주하더이다

‣ 정탐하는 동안 직접 본 사실(fact)을 보고하였음

2) 차이점 (참고. 잠 21:23)

> **23** 입과 혀를 지키는 자는 자기의 영혼을 환난에서 보전하느니라

① 10명 (민 13:31-33)

> **31** 그와 함께 올라갔던 사람들은 이르되 우리는 능히 올라가서 그 백성을 치지 못하리라 그들은 우리보다 강하니라 하고 **32** 이스라엘 자손 앞에서 그 정탐한 땅을 악평하여 이르되 우리가 두루 다니며 정탐한 땅은 그 거주민을 삼키는 땅이요 거기서 본 모든 백성은 신장이 장대한 자들이며 **33** 거기서 네피림 후손인 아낙 자손의 거인들을 보았나니 우리는 스스로 보기에도 메뚜기 같으니 그들이 보기에도 그와 같았을 것이니라

‣ 자기 자신의 작은 능력에만 집중(31절), 악평, 두려움(32절), 열등감 (33절)

② 2명 (민 14:6-9)

> **6** 그 땅을 정탐한 자 중 눈의 아들 여호수아와 여분네의 아들 갈렙이 자기들의 옷을 찢고 **7** 이스라엘 자손의 온 회중에게 말하여 이르되 우리가 두루 다니며 정탐한 땅은 심히 아름다운 땅이라 **8** 여호와께서 우리를 기뻐하시면 우리를 그 땅으로 인도하여 들이시고 그 땅을 우리에게 주시리라 이는 과연 젖과 꿀이 흐르는 땅이니라 **9** 다만 여호와를 거역하지는 말라 또 그 땅 백성을 두려워하지 말라 그들은 우리의 먹이라 그들의 보호자는 그들에게서 떠났고 여호와는 우리와 함께 하시느니라 그들을 두려워하지 말라 하나

‣ **거룩한 분노(6절), 하나님에 대한 확신(7-8절), 담대함, 임마누엘의 확신(9절)**

2 하나님과 이스라엘은 서로 다른 반응을 보였습니다. 아래 말씀을 찾아보며 각각의 반응을 살펴보세요.

1) 정탐꾼의 말을 들은 이스라엘 백성은 어떤 반응을 보였습니까? (민 14:1-4, 10)

> **민 14:1-4 1** 온 회중이 소리를 높여 부르짖으며 백성이 밤새도록 통곡하였더라 **2** 이스라엘 자손이 다 모세와 아론을 원망하며 온 회중이 그들에게 이르되 우리가 애굽 땅에서 죽었거나 이 광야에서 죽었으면 좋았을 것을 **3** 어찌하여 여호와가 우리를 그 땅으로 인도하여 칼에 쓰러지게 하려 하는가 우리 처자가 사로잡히리니 애굽으로 돌아가는 것이 낫지 아니하랴 **4** 이에 서로 말하되 우리가 한 지휘관을 세우고 애굽으로 돌아가자 하매
>
> **민 14:10** 온 회중이 그들을 돌로 치려 하는데 그 때에 여호와의 영광이 회막에서 이스라엘 모든 자손에게 나타나시니라

‣ **부정적 언어와 반응으로 일관**

소리 지르며 밤새도록 통곡하고(1절), 원망하고(2절), 불신앙의 태도를 보이며, 후회하고(3절), 쿠데타를 모의하고(4절), 시도합니다 (10절).

2) 이스라엘 백성의 반응을 보신 하나님은 어떻게 말씀하셨습니까? (민 14:27-35)

27 나를 원망하는 이 악한 회중에게 내가 어느 때까지 참으랴 이스라엘 자손이 나를 향하여 원망하는 바 그 원망하는 말을 내가 들었노라 28 그들에게 이르기를 여호와의 말씀에 내 삶을 두고 맹세하노라 너희 말이 내 귀에 들린 대로 내가 너희에게 행하리니 29 너희 시체가 이 광야에 엎드러질 것이라 너희 중에서 이십 세 이상으로서 계수된 자 곧 나를 원망한 자 전부가 30 여분네의 아들 갈렙과 눈의 아들 여호수아 외에는 내가 맹세하여 너희에게 살게 하리라 한 땅에 결단코 들어가지 못하리라 31 너희가 사로잡히겠다고 말하던 너희의 유아들은 내가 인도하여 들이리니 그들은 너희가 싫어하던 땅을 보려니와 32 너희의 시체는 이 광야에 엎드러질 것이요 33 너희의 자녀들은 너희 반역한 죄를 지고 너희의 시체가 광야에서 소멸되기까지 사십 년을 광야에서 방황하는 자가 되리라 34 너희는 그 땅을 정탐한 날 수인 사십 일의 하루를 일 년으로 쳐서 그 사십 년간 너희의 죄악을 담당할지니 너희는 그제서야 내가 싫어하면 어떻게 되는지를 알리라 하셨다 하라 35 나 여호와가 말하였거니와 모여 나를 거역하는 이 악한 온 회중에게 내가 반드시 이같이 행하리니 그들이 이 광야에서 소멸되어 거기서 죽으리라

▸ 분노, 원망을 들으심(27절) / 맹세 – 내 귀에 들린 대로 내가 행하리라(28절) / 갈렙과 여호수아를 제외한 출애굽 1세대는(20세 이상) 광야에서 죽음(29-30절) / 2세대만 가나안 입성(31절) / 정탐일 40일을 적용한 40년 광야생활과 죽음(32-34절a) / 하나님께서 싫어하심의 대가가 현실화(34절b) / 징벌에 대한 확언(35절)

3 말에는 능력이 있습니다. 하나님이 우리가 하는 말을 들으시고 들린 대로 행하신다고 말씀하셨기 때문입니다(민 14:28; 왕상 17:1; 마 18:18-20). 그렇다면 당신의 언어 습관에서 고쳐야 할 부정적인 말에는 무엇이 있습니까? 이것을 긍정의 말로 바꿔 봅시다.

민 14:28 그들에게 이르기를 여호와의 말씀에 내 삶을 두고 맹세하노라 너희 말이 내 귀에 들린 대로 내가 너희에게 행하리니

왕상 17:1 길르앗에 우거하는 자 중에 디셉 사람 엘리야가 아합에게·말하되 내가 섬기는 이스라엘의 하나님 여호와께서 살아 계심을 두고 맹세하노니 내 말이 없으면 수 년 동안 비도 이슬도 있지 아니하리라 하니라

마 18:18-20 18 진실로 너희에게 이르노니 무엇이든지 너희가 땅에서 매면 하늘에서도 매일 것이요 무엇이든지 땅에서 풀면 하늘에서도 풀리리라 19 진실로 다시 너희에게 이르노니 너희 중의 두 사람이 땅에서 합심하여 무엇이든지 구하면 하늘에 계신 내 아버지께서 그들을 위하여 이루게 하시리라 20 두세 사람이 내 이름으로 모인 곳에는 나도 그들 중에 있느니라

※ 제시 구절에 대한 설명

하나님께서는 내가 부주의하게 뱉는 말까지도 들으시는 분입니다(민 14:28). 예수님께서도 이와 같은 말씀을 하셨습니다. "내가 너희에게 이르노니 사람이 무슨 무익한 말을 하든지 심판 날에 이에 대하여 심문을 받으리니"(마 12:36) 그래서 말 한마디도 조심해야 합니다.

또한 엘리야는 하나님을 대신하는 선지자였습니다. 그래서 그의 말에는 하나님의 능력이 있었습니다(왕상 17:1). 우리 역시도 하나

님의 자녀이기에 우리의 말에 권세가 있음을 알아야 합니다.

　마태복음 18장 15절부터의 내용은 죄를 범한 형제를 위한 기도입니다. 하나님께서는 형제의 죄의 묶임과 풀림에 대한 기도뿐만 아니라 주님의 이름으로 구하는 모든 기도에 응답하십니다. 우리가 하나님 앞에서 어떤 기도를 하느냐의 내용이 참으로 중요합니다. 우리의 말의 기도가 얼마나 큰 영향력이 있는지를 기억해야 합니다.

(과거 혹은 현재) 나의 부정적인 말	(미래) 나의 긍정적인 말
나의 부정적인 언어에는 어떠한 내용이 있는지 구체적으로 나눠 봅시다.	그리고 이 언어가 하나님의 뜻 안에서 어떻게 변화되어야 하는지 소그룹원들에게 질문하며 답을 찾아봅시다.

4 야고보서 3장 1절에서 "선생이 되다"라는 말의 의미는 "교회의 집회에서 교사로 나서려고 하다"입니다. 교회에서 선생이자, 예루살렘 교회의 지도자인 야고보(예수님의 동생)는 오히려 선생이 되지 말라고 권면합니다. 이렇게 권면한 이유는 무엇일까요? (약 3:1-2; 참고. 엡 4:11; 고전 12:29)

약 3:1-2 1 내 형제들아 너희는 선생된 우리가 더 큰 심판을 받을 줄 알고 선생이 많이 되지 말라 2 우리가 다 실수가 많으니 만일 말에 실수가 없는 자라면 곧 온전한 사람이라 능히 온 몸도 굴레 씌우리라

엡 4:11 그가 어떤 사람은 사도로, 어떤 사람은 선지자로, 어떤 사람은 복음 전하는 자로, 어떤 사람은 목사와 교사로 삼으셨으니

고전 12:29 다 사도이겠느냐 다 선지자이겠느냐 다 교사이겠느냐 다 능력을 행하는 자이겠느냐

‣ 중요한 자리, 중요한 책임

초대교회 당시 선생(교사)은 굉장히 중요한 자리였습니다. 언급한 에베소서와 고린도전서의 기록에도 보면, 선생의 자리가 당시 대표적인 리더십 그룹이었음을 알 수 있습니다. 그런데 은사와 준비 없이 명예욕으로 교사가 되려고 한 자들이 있었습니다. 야고보는 이들을 경계하고, 그 책임의 막중함을 말하기 위해서 선생은 더 큰 심판을 받게 될 것과 선생이 많이 되지 말 것을 역설합니다. 더 큰 심판에 대해서는 예수님께서도 누가복음 12장 48절에 말씀하십니다. "무릇 많이 받은 자에게는 많이 요구할 것이요 많이 맡은 자에게는 많이 달라 할 것이니라." 야고보는 그럼에도 선생이 된 자들에게 말의 실수가 없는 온전함을 추구할 것을 권면합니다(2절).

5 야고보가 생각하는 온전한 사람은 어떤 사람입니까? (약 3:2)

> **2** 우리가 다 실수가 많으니 만일 말에 실수가 없는 자라면 곧 온전한 사람이라 능히 온 몸도 굴레 씌우리라

‣ 말의 실수가 없는 자

한 사람의 말은 그의 성품을 반영합니다. 따라서 말은 그의 존재 전체의 열쇠가 됩니다. 우리는 말의 실수를 최대한 줄이고, 온전한 사람이 되기 위해 노력해야 합니다.

6 혀를 길들이는 것은 매우 어려운 일입니다(약 3:8). 야고보는 혀를 길들이기 어렵다고 말하며 혀의 영향력을 비유로 설명합니다. 야고보서 3장의 다음 구절을 찾아 적어 봅시다.

---

8 혀는 능히 길들일 사람이 없나니 쉬지 아니하는 악이요 죽이는 독이 가득한 것이라

---

3 우리가 말들의 입에 재갈 물리는 것은 우리에게 순종하게 하려고 그 온 몸을 제어하는 것이라

4 또 배를 보라 그렇게 크고 광풍에 밀려가는 것들을 지극히 작은 키로써 사공의 뜻대로 운행하나니

5 이와 같이 혀도 작은 지체로되 큰 것을 자랑하도다 보라 얼마나 작은 불이 얼마나 많은 나무를 태우는가

6 혀는 곧 불이요 불의의 세계라 혀는 우리 지체 중에서 온 몸을 더럽히고 삶의 수레바퀴를 불사르나니 그 사르는 것이 지옥 불에서 나느니라

---

1) 3절

▸ 말들의 입의 재갈

재갈은 비록 작지만 입술의 말을 주관할 수 있습니다. 우리는 누군가가 뱉은 말로 인하여 곤경을 당하였다는 소식을 종종 접하게 됩니다. 특히 요즘처럼 인터넷이 발달한 시대에는 생각 없이 올린 글 하나로 인하여 큰 어려움을 당하기도 합니다.

2) 4절

‣ 배의 작은 키

바다에 아주 거친 바람과 파도가 일어나는 것은 우리가 주관할 수 없는 외적 환경의 변화입니다. 이러한 상황 속에 사공이 잡은 키 하나가 큰 배를 움직이게 합니다. 키는 바로 생명과 직결됩니다. 이처럼 우리 인생에도 큰 어려움이 찾아왔을 때 어떻게 말하는가가 중요합니다. 이 말에는 "사공의 뜻"이 반영됩니다. 내 생각의 뜻이 말로 나타날 때 우리 인생의 중대한 방향이 결정되는 것입니다.

3) 5절

‣ 숲을 태우는 불

사소하게 뱉은 말이 삶 전체를 불태워 버릴 수 있습니다. 이는 드물지 않게 우리 주변에서 일어납니다. 말 한마디로 인해 이웃끼리, 가족끼리 큰 싸움이 벌어집니다. 말 한마디로 인해 오랜 신뢰 관계가 부지불식간에 허물어져 버리기도 합니다.

4) 6절

▸ 불, 불의의 세계, 온몸을 더럽힘, 삶의 수레바퀴를 파괴

야고보서의 독자들은 작은 혀 하나로 인하여 온 세상이 지옥 불에 타오르게 되는 어마어마한 광경을 그림처럼 그리게 됩니다. 이후 혀는 5절에서의 숲을 넘어 존재하는 피조 세계 전체를 파괴하는 모양으로 그려집니다. 6절에 등장하는 "삶의 수레바퀴"는 "존재의 바퀴"를 의미하는데, 그것은 하나님에 의해서 창조된 세계(존재)가 하나님의 뜻에 따른 질서를 맞추어 자연스럽게 흘러가는 과정을 의미합니다. 이처럼 우리의 말이 하나님의 뜻에 따라 피조된 창조 질서를 뒤흔들고 파괴하며 우리의 삶을 더럽히는 결정적인 요인이 될 수 있습니다.

7 혀에는 '이중성'이 있습니다(약 3:9-12).

9 이것으로 우리가 주 아버지를 찬송하고 또 이것으로 하나님의 형상대로 지음을 받은 사람을 저주하나니 10 한 입에서 찬송과 저주가 나오는도다 내 형제들아 이것이 마땅하지 아니하니라 11 샘이 한 구멍으로 어찌 단 물과 쓴 물을 내겠느냐 12 내 형제들아 어찌 무화과나무가 감람 열매를, 포도나무가 무화과를 맺겠느냐 이와 같이 짠 물이 단 물을 내지 못하느니라

1) 혀에는 어떤 이중성이 있습니까? 야고보는 이를 어떻게 설명
   합니까?

▶ 한 입에서 찬송, 저주 / 한 샘에서 단 물, 쓴 물 / 나무의 열매

　야고보는 이 이중성을 두 마음, 나뉜 마음 때문이라고 언급합니다. 야고보서 1장 8절과 3장 8절에는 같은 헬라어 단어가 등장합니다. 1장 8절에 "두 마음을 품어 모든 일에 정함이 없는 자로다"에서 "정함이 없는"에 해당하는 단어와 3장 8절의 "혀는 능히 길들일 사람이 없나니 쉬지 아니하는 악이요 죽이는 독이 가득한 것이라"에서 "쉬지 아니하는"을 의미하는 단어는 헬라어 원문에서 같은 단어인 '아카타스타토스'가 사용됩니다. 이를 통해서 혀의 이중성은 두 마음에서 비롯된다는 것을 알 수 있습니다. 하나님께서 창조하신 세상의 이치에 따라 나무도 열매를 맺으나 인간은 세상의 이치를 거스르며 두 마음으로 혀의 이중성을 갖습니다. 세상에 마음을 빼앗기면 이처럼 인간은 말에 이중성을 가지고 살아감을 기억해야 합니다.

2) 예수님은 이렇게 말할 수밖에 없는 궁극적인 이유를 어떻게 설
   명하십니까? (마 15:18)

> **18** 입에서 나오는 것들은 마음에서 나오나니 이것이야말로 사람을 더럽게 하느니라

‣ **마음에 있는 것이 입으로 나온다**

입으로 나오는 것은 그 사람의 마음에서 비롯됨을 의미합니다. 따라서 위에 야고보가 지적하는 두 마음을 품는 것이 아닌, 오직 예수님을 향한 한마음이 될 때 우리의 입술을 하나님께서 원하시는 대로 제어할 수 있습니다.

3) 혀를 다스리는 방법은 무엇입니까?
  (마 12:33-37; 15:18-20; 참고. 시 141:3; 잠 4:23)

> **마 12:33-37 33** 나무도 좋고 열매도 좋다 하든지 나무도 좋지 않고 열매도 좋지 않다 하든지 하라 그 열매로 나무를 아느니라 **34** 독사의 자식들아 너희는 악하니 어떻게 선한 말을 할 수 있느냐 이는 마음에 가득한 것을 입으로 말함이라 **35** 선한 사람은 그 쌓은 선에서 선한 것을 내고 악한 사람은 그 쌓은 악에서 악한 것을 내느니라 **36** 내가 너희에게 이르노니 사람이 무슨 무익한 말을 하든지 심판 날에 이에 대하여 심문을 받으리니 **37** 네 말로 의롭다 함을 받고 네 말로 정죄함을 받으리라
>
> **마 15:18-20 18** 입에서 나오는 것들은 마음에서 나오나니 이것이야말로 사람을 더럽게 하느니라 **19** 마음에서 나오는 것은 악한 생각과 살인과 간음과 음란과 도둑질과 거짓 증언과 비방이니 **20** 이런 것들이 사람을 더럽게 하는 것이요 씻지 않은 손으로 먹는 것은 사람을 더럽게 하지 못하느니라
>
> **시 141:3** 여호와여 내 입에 파수꾼을 세우시고 내 입술의 문을 지키소서
>
> **잠 4:23** 모든 지킬 만한 것 중에 더욱 네 마음을 지키라 생명의 근원이 이에서 남이니라

▶ 마음을 지킴 - 말을 지킴 - 말씀으로 채움

　마음을 지키는 것이 가장 중요합니다. 마음을 지키면 말을 지킬 수 있습니다. 예수님께서도 우리의 말이 마음에 가득한 것으로부터 나온다고 말씀하셨습니다. 그러므로 우리 마음을 오직 하나님의 말씀으로 채우는 것이 참으로 중요합니다. 따라서 예수님은 이처럼 도전을 주십니다. "사람이 떡으로만 살 것이 아니요 하나님의 입으로부터 나오는 모든 말씀으로 살 것이라"(마 4:4). 또한 시편 기자는 이렇게 말합니다. "내가 주께 범죄하지 아니하려 하여 주의 말씀을 내 마음에 두었나이다"(시 119:11). 오직 주의 말씀만을 내 마음에 두고 그 말씀만으로 살아가려고 할 때 하나님께서는 우리 입술에 파수꾼을 세우실 것입니다. 그리고 우리로 온전한 자처럼 살아가게 하실 것입니다.

8 앞으로 나의 언어 습관을 어떻게 하면 하나님이 기뻐하시는 언어로 바꿀 수 있을지 나누어 봅시다.

　▶ 언어 습관을 고칠 수 있는 가장 중요한 방법은 '시간'과 '보는 것'의 싸움입니다. 기도를 통하여 하나님과 대화하는 시간이 길어져야 합니다. 말씀을 가까이하며 세상의 메시지보다는 하나님의 메시지에 집중해야 합니다. 그때 우리는 변화될 수 있습니다. 지금 나의 삶에 하나님과의 우선순위를 다시금 점검하며, 말씀과 함께 역사하시는 성령께서 늘 내 입술의 파수꾼이 되어 달라고 기도합시다.

1 가족을 포함해 가장 가까운 사람 3명을 찾아가 내가 평소 사용하는 부정적인 말을 알아보고, 긍정적인 말로 바꿔 봅시다. 그리고 긍정적인 말을 결단하고 실천합시다.

　우리는 자기 자신을 잘 모를 수 있습니다. 주변에 나를 잘 알거나 시간을 오랫동안 함께 보내는 분을 찾아가 나의 부정적인 말들에 대해 질문해 보십시오. 그리고 그 말을 긍정적인 말로 바꾸고 기도함으로 바로 실천에 옮겨 봅시다.

	1(관계:　　　)	2(관계:　　　)	3(관계:　　　)
부정적인 말			
긍정적인 말			

2 가족에게 다음과 같이 말하고, 그 반응을 기록합시다.

　나의 소중한 가족에게 마음을 표현하는 것이 참으로 어색하고 서

툴 수 있습니다. 아래의 말을 용기 내어 표현하는 실천을 해 봅시다. 그리고 상대방의 반응을 적어 봅시다. 이처럼 가족 간에 아름다운 말을 실천에 옮길 수 있는 모든 제자반 훈련생이 되시기를 축복합니다.

	실천할 말	상대방의 반응
부모님	"저를 낳아 주시고 길러 주신 은혜에 감사드립니다. 앞으로 더욱더 효도하는 자녀가 되겠습니다. 사랑하고 존경합니다."	
배우자	"나와 결혼해 줘서 고마워요. 당신은 이 세상에서 가장 사랑스럽고, 멋지고, 아름다워요. 오직 당신만 사랑해요."	
자녀	"나의 자녀가 되어 줘서 고맙구나. 혹시 서운한 것 있으면 용서해 다오. 너를 진심으로 사랑하고 축복한다."	

마무리

1. 인도자는 오늘 배운 내용에 대해서 간략하게 정리한 후, 훈련생 개인의 삶에 적용, 도전을 주며 통성기도를 이끌어 갑니다.

2. 마침 기도는 훈련생이 하도록 합니다. 마침 기도에 대해 미리 마음의 준비를 해 올 수 있도록, 한 주 전에 정해서 알려 주도록 합니다.

Memo

8과

가정생활

1. 찬양

2. 합심기도

1) 지난 한 주간의 삶을 돌아보며 회개의 시간을 갖고 성령 충만함을 위해 기도합니다.

2) 앞으로의 제자훈련을 통해 진정한 예수님의 제자가 되길, 이를 위해 최선을 다해 훈련에 임하길 기도합니다.

3) 인도자가 대표기도로 마무리를 하고 모임을 시작합니다.

3. 암송 시험

1) 한 명씩 돌아가며 제시된 두 구절을 외우도록 합니다.

① 그런즉 이제 둘이 아니요 한 몸이니 그러므로 하나님이 짝지어 주신 것을 사람이 나누지 못할지니라 하시니 `마 19:6`

② 아내들이여 자기 남편에게 복종하기를 주께 하듯 하라 `엡 5:22`
남편들아 아내 사랑하기를 그리스도께서 교회를 사랑하시고 그 교회를 위하여 자신을 주심 같이 하라 `엡 5:25`

4. 과제 점검

1) "내 영혼의 거울" 중심으로 과제를 점검합니다.

2) 각 훈련생마다 영성생활을 점검해 줍니다. 잘한 부분은 칭찬, 부족한 부분은 잘할 수 있도록 동기부여를 해 줍니다.

5. 삶 나눔 및 생활숙제 나눔

1) 지난 한 주 동안 있었던 즐거웠던 일, 슬펐던 일 등 한 주간의 이슈를 나눕니다.

※ 슬프거나 안타까운 일을 들었을 때, 성령님의 인도하심에 따라 바로 합심기도를 해도 좋겠습니다.

2) 지난 주 과제였던 생활숙제 나눔을 가집니다.

6. Q.T 나눔

1) 정해진 본문에 따라 묵상해 온 것을 함께 돌아가며 나누도록 합니다.

2) 시간을 고려하여 정해진 몇 명만 나눠도 괜찮습니다. 다음 주에는 나누는 인원이 겹치지 않고 골고루 나눌 수 있도록 유도합니다.

7. 독후감 나눔

1) 목회자는 가능하면 수업 전에 훈련생들이 제출한 독후감 『크리스천 씽킹』(유경상 저) 중 한두 가지를 선정하여 발표하게 합니다.

2) 『크리스천 씽킹』(유경상 저)을 읽고 느낀 점을 간단히 나눕니다.

오늘날 많은 가정이 여지없이 무너지고 있습니다. 하나님께서 창조하신 참으로 귀한 가정을 지키기 위해서 우리는 무엇을 어떻게 해야 하는지 생각해 보도록 하겠습니다. 깨달음이 온전한 실천으로 이어지길 소원하며 오늘 과에 임합시다.

Connect 말씀 속으로

부부 관계

1 남자를 창조하신 하나님이 이후 여자를 창조하신 이유는 무엇입니까? (창 2:18)

> **18** 여호와 하나님이 이르시되 사람이 혼자 사는 것이 좋지 아니하니 내가 그를 위하여 돕는 배필을 지으리라 하시니라

‣ 돕는 배필이 되게 하시려고

"돕는 배필"이라고 해석된 "에제르"라는 히브리어 단어를 살펴보면 "마주 보고 서 있는 도움의 짝"이라는 의미로 해석이 가능합니다. 하와는 아담과 다르게 보는 관점을 가지고 그를 돕고 보충하는 짝이라는 말입니다. 돕는 자가 도움을 받는 자보다 더 강하다거나 약하다는 것을 의미하지는 않습니다. 시편 70편 5절을 보면 "주는 나의 도움이시요"라는 표현이 등장합니다. 여기에서의 도움은 '배필'의 히브리어 "에제르"와 같습니다. 이를 통해 본다면 도움을 주는 자가 더 큰 존재일 수 있습니다. 하나님께서는 부부를 서로 돕는 상호보완적 존재로 창조하셨습니다.

2 아담에게서 취한 갈빗대로 하와를 만드신 의미는 무엇일까요? 한 남자와 한 여자가 결혼해서 하나가 되는 것은 누가 만드신 창조의 법칙입니까? (창 2:22-24; 마 19:6)

> **창 2:22-24** **22** 여호와 하나님이 아담에게서 취하신 그 갈빗대로 여자를 만드시고 그를 아담에게로 이끌어 오시니 **23** 아담이 이르되 이는 내 뼈 중의 뼈요 살 중의 살이라 이것을 남자에게서 취하였은즉 여자라 부르리라 하니라 **24** 이러므로 남자가 부모를 떠나 그의 아내와 합하여 둘이 한 몸을 이룰지로다
>
> **마 19:6** 그런즉 이제 둘이 아니요 한 몸이니 그러므로 하나님이 짝지어 주신 것을 사람이 나누지 못할지니라 하시니

▸ 동등함 / 결혼 : 하나님의 창조 법칙

하나님께서 아담의 갈빗대를 취하여 하와를 만드신 의미는 동등함에 있습니다. 머리뼈로 만드시지 않은 이유는 하와가 아담 위에 군림하지 않음을 의미하고, 발가락뼈로 만드시지 않는 이유는 하와가 아담에게 굴복당하지 않음을 의미합니다. 무엇보다 사람의 신체 가운데 위치한 갈빗대로 만드신 이유는 동등함을 의미하며, 남편은 갈빗대 안으로 아내를 품어 주며, 또한 갈빗대 안에 중요한 장기(臟器)가 있듯이 아내를 소중히 여겨 주어야 함을 의미합니다. 이를 통해 남녀의 차이는 신체적, 기능적, 질서적 차원에서 있는 것이지, 결코 존재적 차원에서 있는 것이 아님을 알 수 있습니다. 이 모든 것이 하나님의 창조 법칙입니다.

3 남편에 대한 아내의 의무는 무엇입니까?
(엡 5:22-24; 참고. 갈 3:28)

> **엡 5:22-24** **22** 아내들이여 자기 남편에게 복종하기를 주께 하듯 하라 **23** 이는 남편이 아내의 머리 됨이 그리스도께서 교회의 머리 됨과 같음이니 그가 바로 몸의 구주시니라 **24** 그러므로 교회가 그리스도에게 하듯 아내들도 범사에 자기 남편에게 복종할지니라
>
> **갈 3:28** 너희는 유대인이나 헬라인이나 종이나 자유인이나 남자나 여자나 다 그리스도 예수 안에서 하나이니라

‣ 남편에게 복종

사도 바울은 아내를 향해 남편에게 복종할 것을 말합니다. '복종하다'의 헬라어 '휘포타쏘'는 동사로 사용되며 '중간태 형'으로 사용되었습니다. 이는 '자발적인 복종'을 의미합니다. 기록된 말씀이기에 어쩔 수 없이 하는 복종이 아닌 자발적인 아내의 복종을 말하는 것입니다. 이에 더하여 '주께 하듯 하라'고 합니다. 이는 주님께 하듯 남편에게 순종하는 것이 하나님의 뜻이라는 것입니다. 또 하나의 복종의 이유는 그리스도께서 교회의 머리이시기 때문입니다. 그리스도께서는 교회에 지도력을 행사하시고 궁극적으로 돌보시는 분이십니다. 따라서 남편 역시 그리스도와 같이 가정에 지도력을 행사하고 가정을 돌보는 원천이 있음을 기억해야 합니다. 여기서 지도력은 ─그리스도께서 보여주셨듯─ 군림의 지도력이 아닌 사랑의 지도력인 것입니다. 사랑의 지도력으로 남편은 가장(家長)의 역할을 잘 감당해야 합니다.

오늘날 양성평등을 지향하는 세대 속에서 복종이라는 단어가 불편하게 다가올 수 있습니다. 그러나 문맥적으로 '복종'이라는 단어를 살펴보았을 때, 또한 참고 구절인 갈라디아서 3장 28절을 살펴보았을 때, '상호복종'을 의미한다고 보아야 하겠습니다. 에베소서 5장 21절 말씀은 "그리스도를 경외함으로 피차 복종하라"고 기록합니다. 피차 복종, 즉 상호복종을 의미합니다. 그리스도 안에서 우리 모두가 차별 없이 하나이기에 부부가 서로 복종할 수 있게 됩니다.

4 사도 베드로는 아내가 남편에게 순종해야 하는 이유를 어떻게 설명하고 있습니까? 아내들을 향한 다른 권면은 무엇입니까?
(벧전 3:1-6)

> **1** 아내들아 이와 같이 자기 남편에게 순종하라 이는 혹 말씀을 순종하지 않는 자라도 말로 말미암지 않고 그 아내의 행실로 말미암아 구원을 받게 하려 함이니 **2** 너희의 두려워하며 정결한 행실을 봄이라 **3** 너희의 단장은 머리를 꾸미고 금을 차고 아름다운 옷을 입는 외모로 하지 말고 **4** 오직 마음에 숨은 사람을 온유하고 안정한 심령의 썩지 아니할 것으로 하라 이는 하나님 앞에 값진 것이니라 **5** 전에 하나님께 소망을 두었던 거룩한 부녀들도 이와 같이 자기 남편에게 순종함으로 자기를 단장하였나니 **6** 사라가 아브라함을 주라 칭하여 순종한 것 같이 너희는 선을 행하고 아무 두려운 일에도 놀라지 아니하면 그의 딸이 된 것이니라

▸ 남편을 위해 / 단정함(영혼을 더욱 돌봄) / 사라처럼 남편에게 순종

사도 베드로는 아내들을 향해 남편에게 순종할 것을 말합니다. 그 이유는 남편을 위해서라고 말합니다. 믿는 남편은 신실한 아내의 순종을 통해 더욱 신앙이 굳건해질 것입니다. 반대로 믿음이 없는 남편은 신실한 아내의 순종(행함)을 통해 하나님을 경험하게 됩니다. 나아가 남편을 그리스도께로 인도(구원)할 수 있다는 것입니다.

이를 위해서 아내들은 세상의 허영된 것으로 치장하는 옷차림보다는 검소하고 단정함 속에서 드러나는 온유함으로 남편을 대할 것을 말하고 있습니다. 이에 대한 본보기로 사도 베드로는 '사라'를 언급합니다. 사라는 아브라함을 존경의 표현인 '주'라 칭하며(고대 문헌에서 남편을 '주'라 칭함은 의외의 표현) 순종하였습니다. 베드로

는 사라와 같은 아내들을 향하여 신실한 자들 중에 들어간다("그의 딸이 된 것"의 의미)고 말하고 있습니다.

5 남편은 아내를 어떤 존재로 여겨야 합니까? (벧전 3:7)

> **7** 남편들아 이와 같이 지식을 따라 너희 아내와 동거하고 그를 더 연약한 그릇이요 또 생명의 은혜를 함께 이어받을 자로 알아 귀히 여기라 이는 너희 기도가 막히지 아니하게 하려 함이라

▸ 더 연약한 그릇, 생명의 은혜를 함께 이어받을 자로 알아 귀히 여김

남편은 아내를 더 연약한 그릇으로 보아야 합니다. 이는 육체적, 언어적 학대로 아내를 위협해서는 안 됨을 의미합니다. 남편과 아내는 '생명의 은혜를 함께 이어받을 자'로 동등한 운명을 가집니다. 남자와 여자가 모두 동등하게 하나님의 형상을 따라 지음 받았기 때문입니다. 남편이 아내를 존귀하게 대하지 않으면 주께서 그의 기도를 듣지 않겠다고 말씀하십니다. 여기서 중요한 것은 '지식을 따라' 아내를 존귀하게 사랑해야 합니다. 이를 위해 남편은 반드시 아내에 대한 이해가 필요합니다. 아내가 무엇을 좋아하는지 등을 공부하며 사랑해야 합니다. 그래서 사랑은 배워서 익히는 것이라고 합니다.

6 남편은 아내를 어떻게 사랑해야 합니까? 이는 무슨 의미입니까? (엡 5:25, 28)

> **25** 남편들아 아내 사랑하기를 그리스도께서 교회를 사랑하시고 그 교회를 위하여 자신을 주심 같이 하라
>
> **28** 이와 같이 남편들도 자기 아내 사랑하기를 자기 자신과 같이 할지니 자기 아내를 사랑하는 자는 자기를 사랑하는 것이라

▸ 그리스도께서 교회를 사랑하심 같이 / 자기희생적 사랑

남편은 아내를 사랑할 때, 그리스도께서 교회를 사랑하심 같이 사랑해야 합니다. 그리스도께서는 교회를 사랑하실 때 자신이 죽기까지 사랑하셨습니다(자기희생적 사랑). 따라서 남편은 아내를 자신의 목숨처럼 사랑해야 합니다. 자기 자신을 사랑하듯 아내를 사랑해야 합니다. 그리스도께서는 궁극적인 생명의 원천이 되셔서 교회를 돌보셨습니다. 따라서 남편에게는 반드시 아내와 가정을 돌봐야 하는 책임이 따릅니다. 이를 통하여 아내를 사랑하는 것이 곧 주님에 대한 의무라는 사실을 기억해야 합니다.

7 하나님이 하나 되게 하신 배우자를 진심으로 사랑하며 존경하고 있습니까? 사랑받는 아내, 존경받는 남편이 되기 위해 당신은 어떤 노력을 하고 있습니까?

지금까지 배운 것들을 상기하며 각자의 삶에 비춰 봅시다. 자신이

무엇이 부족했고, 어떤 노력을 해야 하는지 깨달은 바를 나눠 보고, 실천하도록 격려합시다.

부모와 자녀와의 관계

1 부모를 공경해야 하는 이유는 무엇입니까? (신 5:16; 엡 6:1)

> **신 5:16** 너는 네 하나님 여호와께서 명령한 대로 네 부모를 공경하라 그리하면 네 하나님 여호와가 네게 준 땅에서 네 생명이 길고 복을 누리리라
>
> **엡 6:1** 자녀들아 주 안에서 너희 부모에게 순종하라 이것이 옳으니라

‣ 하나님의 명령이며 옳은 일이기 때문

하나님께서는 십계명의 제5계명으로 부모를 공경할 것을 명령하셨습니다. 이처럼 부모에게 순종하는 것은 하나님의 뜻이며, 동시에 하나님의 복이 따른다는 것을 말씀해 주셨습니다. 부모를 공경하는 것은 하나님께서 부모에게 주신 권세를 인정하는 것입니다. 그런데 이것을 '주 안에서' 행하라고 합니다. 이것은 예수님의 주 되심을 인정하며 그분의 다스리심 가운데 순종할 것을 말씀하시는 것입니다. 이처럼 주 안에서 부모에게 순종할 때, 하늘에 속한 신령한 복뿐 아니라 땅에서도 복을 누릴 것이라고 말씀하십니다.

2 자녀는 부모를 어떻게 공경해야 합니까? (잠 23:22-25)

1) 22절

22 너를 낳은 아비에게 청종하고 네 늙은 어미를 경히 여기지 말지니라

▶ **순종과 공경**

이 구절은 자식을 낳아 기르며 늙어 가는 부모를 우리가 전 생애에 있어서 순종해야 하며 공경해야 한다고 가르칩니다.

2) 23절

23 진리를 사되 팔지는 말며 지혜와 훈계와 명철도 그리할지니라

▶ **부모의 지혜 교육을 가장 소중한 유산으로 알고 간직하라**

진리를 사되 팔지 말라는 것은 진리보다 더 소중한 것이 세상에 없음을 말해 줍니다. 자녀가 부모의 지혜 교육을 가장 소중한 유산으로 알고 결코 버려서는 안 됨을 가르치고 있습니다.

3) 24-25절 (참고. 잠 17:25; 막 7:9-13)

> **잠 23:24-25 24** 의인의 아비는 크게 즐거울 것이요 지혜로운 자식을 낳은 자는 그로 말미암아 즐거울 것이니라 **25** 네 부모를 즐겁게 하며 너를 낳은 어미를 기쁘게 하라
>
> **잠 17:25** 미련한 아들은 그 아비의 근심이 되고 그 어미의 고통이 되느니라
>
> **막 7:9-13 9** 또 이르시되 너희가 너희 전통을 지키려고 하나님의 계명을 잘 저버리는도다 **10** 모세는 네 부모를 공경하라 하고 또 아버지나 어머니를 모욕하는 자는 죽임을 당하리라 하였거늘 **11** 너희는 이르되 사람이 아버지에게나 어머니에게나 말하기를 내가 드려 유익하게 할 것이 고르반 곧 하나님께 드림이 되었다고 하기만 하면 그만이라 하고 **12** 자기 아버지나 어머니에게 다시 아무 것도 하여 드리기를 허락하지 아니하여 **13** 너희가 전한 전통으로 하나님의 말씀을 폐하며 또 이같은 일을 많이 행하느니라 하시고

▸ **지혜롭고 의로운 삶을 통해 / 물질적 봉양**

'지혜로운 자식'은 '의인'으로 정의됩니다. 자녀가 지혜롭고 의롭게 살아갈 때 부모는 큰 기쁨을 맛보게 됩니다. 반대로 미련한 자는 부모에게 큰 근심과 불안의 고통을 가져다줍니다.

마가복음에는 고르반 전통이 등장합니다. 고르반은 히브리어로 '하나님께 바쳐졌다'라는 의미로, 일정한 돈을 지불하고 '고르반'을 선언하면 더 이상 부모에게 아무것도 할 필요가 없게 되는 제도였습니다. 당시에도 부모가 연로해졌을 때 자녀는 경제적, 개인적으로 부모를 돌봐야 했습니다. 하지만 고르반 전통을 악용하여 봉양할 돈

을 고르반으로 드려 헌금을 아끼는 악행을 저질렀던 것입니다. 예수님께서는 율법에 있는 사랑의 정신을 좇기보다 외형과 형식에 치우쳐 부모를 공경하지 않는 그들의 모습을 질타하신 것입니다.

3 믿음의 부모가 자녀들을 위해 해야 할 가장 중요한 일은 무엇입니까? 어린아이들을 막았던 제자들에게 예수님은 어떻게 반응하셨습니까? (막 10:13-16; 참고. 잠 22:6; 엡 6:4)

> **막 10:13-16 13** 사람들이 예수께서 만져 주심을 바라고 어린 아이들을 데리고 오매 제자들이 꾸짖거늘 **14** 예수께서 보시고 노하시어 이르시되 어린 아이들이 내게 오는 것을 용납하고 금하지 말라 하나님의 나라가 이런 자의 것이니라 **15** 내가 진실로 너희에게 이르노니 누구든지 하나님의 나라를 어린 아이와 같이 받들지 않는 자는 결단코 그 곳에 들어가지 못하리라 하시고 **16** 그 어린 아이들을 안고 그들 위에 안수하시고 축복하시니라
>
> **잠 22:6** 마땅히 행할 길을 아이에게 가르치라 그리하면 늙어도 그것을 떠나지 아니하리라
>
> **엡 6:4** 또 아비들아 너희 자녀를 노엽게 하지 말고 오직 주의 교훈과 훈계로 양육하라

▸ **예수님께로 인도함 / 꾸짖고 노하시며 어린아이들을 자신에게 오게 하심**

당시 유대 사회에는 제사장이나 율법을 가르치는 랍비들에게 부모가 자녀를 데리고 가서 축복을 받는 풍습이 있었습니다. 오늘날의 부모 역시 자녀가 인생의 참 스승이자 구원자 되시는 예수님을 만날

수 있도록 다리 역할을 해야 합니다.

또한 부모는 어린 자녀들이 세상의 유혹에 빠지지 않고 잘못된 길로 가지 않도록 도와야 합니다. 예수님께서 걸어가신 바른길을 갈 수 있도록 자녀를 가르치기에 헌신하며 훈련해야만 합니다. 그리하면 우리 자녀들은 어린 시절에 배운 예수님의 삶의 근본적 방향과 가치를 늙어서도 계속 지켜 갈 것입니다(잠 22:6).

부모는 자녀에게 예수님을 만나고 닮아 가는 법을 가르칠 때에 자녀가 화가 나지 않도록 해야 합니다. 이는 부모가 자녀들을 인격적으로 대해야 한다는 것을 나타냅니다. 사도 바울 시대에 어린아이들은 비인격적인 취급을 받았습니다. 자녀들을 향한 아버지의 권위 역시 절대적이었습니다. 이러한 시대정신과 반대로 어린 자녀를 화가 나지 않도록 인격적으로 대하라는 것은 참으로 놀라운 준칙입니다. 성경은 시대와 다른 모습으로 살아가라는 도전을 주고 있습니다. 하나님 나라의 원리대로 살 것을 말합니다. 이를 이루기 위해서 오직 주의 교훈과 훈계로 양육할 것을 명령합니다. 즉, 자녀들을 주 예수께 속한, 그리고 주 예수께서 기뻐하시는 훈련과 훈계의 방식으로 양육하라는 말입니다. 대체로 부모는 자기 나름의 방식대로 자녀를 양육하거나 저명한 교육학자의 방법을 따르기도 합니다. 그러나 성경은 주 예수께서 기뻐하시는 방법과 원리로 자녀를 양육할 것을 명령합니다(엡 6:4).

4 부모는 자녀들에게 무엇을 가르쳐야 합니까? (신 6:4-9)

> **4** 이스라엘아 들으라 우리 하나님 여호와는 오직 유일한 여호와이시니 **5** 너는 마음을 다하고 뜻을 다하고 힘을 다하여 네 하나님 여호와를 사랑하라 **6** 오늘 내가 네게 명하는 이 말씀을 너는 마음에 새기고 **7** 네 자녀에게 부지런히 가르치며 집에 앉았을 때에든지 길을 갈 때에든지 누워 있을 때에든지 일어날 때에든지 이 말씀을 강론할 것이며 **8** 너는 또 그것을 네 손목에 매어 기호를 삼으며 네 미간에 붙여 표로 삼고 **9** 또 네 집 문설주와 바깥 문에 기록할지니라

※ **쉐마("들으라") 텍스트** : 쉐마 텍스트라 불리는 위 구절은 신명기의 다른 모든 가르침들의 중심축이 되는 으뜸 계명입니다. 구약의 가장 중요한 개념을 아주 짧은 말로 표현하고 있는 것입니다.

① **하나님의 절대성** : "우리 하나님 여호와는 오직 유일한 여호와이시니"(4절). 하나님만이 오직 유일한 참 하나님이라는 절대성을 강조합니다. 세상에 다른 신은 없습니다. 오직 하나님 한 분만이 우리가 믿고 따를 유일한 분이십니다.

② **전 존재로 사랑하라** : "너는 마음을 다하고 뜻을 다하고 힘을 다하여 네 하나님 여호와를 사랑하라"(5절). 마음과 뜻과 힘을 다해 하나님을 사랑해야 합니다. 부모가 먼저 하나님을 전 존재로 사랑하는 모습을 보여 줘야 합니다. 그리하면 자녀가 참된 사랑을 배우게 될 것입니다.

③ **언제 어디서 무엇을 하든 부지런히 말씀을 가르치라(7절)**

④ **일상에서의 하나님 의식(8, 9절)** : 많은 유대인이 이 명령을 문자 그대로 실천했습니다. 양피지에 성구들을 쓴 것을 작은 가죽 상자에 넣어 손목이나 미간에 동여맸습니다. 또한 나무 또는 금속 상자 등에 넣어 문설주에 붙였습니다. 이를 통해 그들의 일상생활 속에서도 언제나 하나님 앞에 살아가고 있음을 인지하였습니다. 이것은 안식일만의 종교가 아닌, 생활의 모든 면에서 하나님을 기억해야 할 것을 말해 줍니다.

5 하나님은 예레미야 선지자를 통해 레갑 사람의 가문을 칭찬하시고 축복하셨습니다. 그들은 어떻게 해서 하나님 앞에 명문 가문이 되었을까요? (렘 35:18-19; 참고. 왕하 10:15, 23) 레갑 가문이 우리 가정에 주는 교훈은 무엇입니까?

> **렘 35:18-19 18** 예레미야가 레갑 사람의 가문에게 이르되 만군의 여호와 이스라엘의 하나님께서 이와 같이 말씀하시기를 너희가 너희 선조 요나답의 명령을 순종하여 그의 모든 규율을 지키며 그가 너희에게 명령한 것을 행하였도다 **19** 그러므로 만군의 여호와 이스라엘의 하나님께서 이와 같이 말씀하시니라 레갑의 아들 요나답에게서 내 앞에 설 사람이 영원히 끊어지지 아니하리라 하시니라
>
> **왕하 10:15** 예후가 거기에서 떠나가다가 자기를 맞이하러 오는 레갑의 아들 여호나답을 만난지라 그의 안부를 묻고 그에게 이르되 내 마음이 네 마음을 향하여 진실함과 같이 네 마음도 진실하냐 하니 여호나답이 대답하되 그러하니이다 이르되 그러면 나와 손을 잡자 손을 잡으니 예후가 끌어 병거에 올리며

왕하 10:23 예후가 레갑의 아들 여호나답과 더불어 바알의 신당에 들어가서 바알을 섬기는 자들에게 이르되 너희는 살펴보아 바알을 섬기는 자들만 여기 있게 하고 여호와의 종은 하나도 여기 너희 중에 있지 못하게 하라 하고

▸ 하나님 편에 서다

레갑 사람은 선조 요나답의 명령에 순종하여 그의 모든 규율을 지키며 명령한 모든 것을 행하였습니다. 선조 요나답('여호나답'과 동일인)은 주전 842년 북이스라엘에서 예후를 도와 바알 숭배의 종식을 열정적으로 도운 인물이었습니다. 이 선조 요나답은 여호와 하나님 편에서 올바른 선택을 한 조상이었습니다. 이런 레갑 사람의 가문에 하나님께서는 다윗왕에게 주신 축복과 같이 "내 앞에 설 사람이 영원히 끊어지지 아니하리라"(렘 35:19)는 놀라운 복을 내려 주십니다. 이를 통해 하나님의 편에서 말씀대로 살아갈 때, 하나님께 인정을 받음으로 후대까지도 놀라운 복을 누리는 영광을 얻게 됩니다. 우리도 이와 같은 가문이 되기 위해 오늘도 하나님의 말씀에 순종으로, 하나님 편에 서는 훈련을 합시다.

Transform 세상 속으로

1 주님 앞에서 기쁘고 행복한 가정을 만들기 위해 월간 QT지, 『주만나』에 수록된 식탁 교제(가정예배)를 주 1회 실천합시다. 그러고 나서 그 결과와 느낌을 나누어 봅시다.

　하나님을 우리 가정에 주인으로 모신다는 상징으로 가정예배를 주 1회 이상 드려 봅니다. 단순히 외적 형태의 예배를 드림으로 그치지 말고, 그 예배 가운데 무엇을 말씀하시며 어떤 은혜를 주실지 기대하며, 실천하는 가정이 됩시다. 이런 관점을 가지고 예배를 드린 후, 다음 주에 그 은혜를 나눠 봅시다.

2 배우자와 자녀에게 사랑이 듬뿍 담긴 손 편지를 써 보냅시다. 그러고 나서 상대방의 반응을 다음 주에 나누어 봅시다.

　디지털 시대의 편리함도 좋지만, 아날로그 시대의 감성을 이용하여 마음을 담은 손 편지를 써 봅시다. 이 수업이 마치는 대로 편지지와 편지 봉투를 구입하도록 합시다. 한 장이어도 좋고, 짧은 글이어도 좋으니, 꼭 사랑이 담긴 손 편지를 배우자와 자녀들에게 각각 써 보도록 합시다. 인도하는 목회자가 솔선수범하여, 이 실천을 나눠 보도록 합시다.

마무리

1. 인도자는 오늘 배운 내용에 대해서 간략하게 정리한 후, 훈련생 개인의
   삶에 적용, 도전을 주며 통성기도를 이끌어 갑니다.

2. 마침 기도는 훈련생이 하도록 합니다. 마침 기도에 대해 미리 마음의
   준비를 해 올 수 있도록, 한 주 전에 정해서 알려 주도록 합니다.

재정 관리

1. 찬양

2. 합심기도

1) 지난 한 주간의 삶을 돌아보며 회개의 시간을 갖고 성령 충만함을 위해 기도합니다.

2) 앞으로의 제자훈련을 통해 진정한 예수님의 제자가 되길, 이를 위해 최선을 다해 훈련에 임하길 기도합니다.

3) 인도자가 대표기도로 마무리를 하고 모임을 시작합니다.

3. 암송 시험

1) 한 명씩 돌아가며 제시된 두 구절을 외우도록 합니다.

① 한 사람이 두 주인을 섬기지 못할 것이니 혹 이를 미워하고 저를 사랑하거나 혹 이를 중히 여기고 저를 경히 여김이라 너희가 하나님과 재물을 겸하여 섬기지 못하느니라 마 6:24

② 네가 이 세대에서 부한 자들을 명하여 마음을 높이지 말고 정함이 없는 재물에 소망을 두지 말고 오직 우리에게 모든 것을 후히 주사 누리게 하시는 하나님께 두며 딤전 6:17

4. 과제 점검

1) "내 영혼의 거울" 중심으로 과제를 점검합니다.

2) 각 훈련생마다 영성생활을 점검해 줍니다. 잘한 부분은 칭찬, 부족한 부분은 잘할 수 있도록 동기부여를 해 줍니다.

5. 삶 나눔 및 생활숙제 나눔

1) 지난 한 주 동안 있었던 즐거웠던 일, 슬펐던 일 등 한 주간의 이슈를 나눕니다.

 ※ 슬프거나 안타까운 일을 들었을 때, 성령님의 인도하심에 따라 바로 합심기도를 해도 좋겠습니다.

2) 지난 주 과제였던 생활숙제 나눔을 가집니다.

6. Q.T 나눔

1) 정해진 본문에 따라 묵상해 온 것을 함께 돌아가며 나누도록 합니다.

2) 시간을 고려하여 정해진 몇 명만 나눠도 괜찮습니다. 다음 주에는 나누는 인원이 겹치지 않고 골고루 나눌 수 있도록 유도합니다.

7. 공지 사항

1) 교재 오타 수정: 79p 3. 3) 사도요한(요일 5:3 → 요일 1:3)

 ※ 다음 주에 예습해 올 10과 교재 오타에 대한 내용이므로 미리 안내해 주시면 좋겠습니다.

십일조를 포함한 헌금은 부담이 아닙니다. 헌금 드림은 은혜입니다. 그런데 오늘날 물질의 능력과 힘이 매우 크기 때문에 하나님보다 우위를 점하게 될 때가 있습니다. 그럴 때 우리의 신앙에 문제가 생깁니다. 오늘 이 재물의 문제를 어떻게 다뤄야 하는지, 어떻게 하나님을 최우선으로 할 수 있는지 살펴보도록 하겠습니다.

Connect　말씀 속으로

1 예수님과 부자 청년이 나눈 대화는 돈과 신앙의 관계를 가르쳐 줍니다. 마태복음 19장 16-22절을 읽어 봅시다.

> **16** 어떤 사람이 주께 와서 이르되 선생님이여 내가 무슨 선한 일을 하여야 영생을 얻으리이까 **17** 예수께서 이르시되 어찌하여 선한 일을 내게 묻느냐 선한 이는 오직 한 분이시니라 네가 생명에 들어 가려면 계명들을 지키라 **18** 이르되 어느 계명이오니이까 예수께서 이르시되 살인하지 말라, 간음하지 말라, 도둑질하지 말라, 거짓 증언 하지 말라, **19** 네 부모를 공경하라, 네 이웃을 네 자신과 같이 사랑하라 하신 것이니라 **20** 그 청년이 이르되 이 모든 것을 내가 지키었사온대 아직도 무엇이 부족하니이까

21 예수께서 이르시되 네가 온전하고자 할진대 가서 네 소유를 팔아 가난한 자들에게 주라 그리하면 하늘에서 보화가 네게 있으리라 그리고 와서 나를 따르라 하시니 **22** 그 청년이 재물이 많으므로 이 말씀을 듣고 근심하며 가니라

1) 예수님을 찾아온 이 청년은 어떤 사람이었습니까?
(16, 20절; 참고. 눅 18:18)

눅 18:18 어떤 관리가 물어 이르되 선한 선생님이여 내가 무엇을 하여야 영생을 얻으리이까

‣ 어떤 사람 = 어떤 관리 = 재물이 많은 청년(22절)

2) 선한 일을 해서 구원(영생)을 얻으려 했던 청년의 근본적인 문제점은 무엇이었습니까? (16절) 20절에서 청년이 한 고백은 왜 충격적입니까?

‣ **공로주의적 구원관, 완벽한 율법주의자**

청년의 사고 속에는 자신의 행위로 영생, 즉 구원을 얻으려는 생각이 자리합니다. 그런 생각이 완벽한 율법의 실천으로 이어집니다. 행위로 구원을 받아야 하니 눈에 보이는 모든 율법적 행위에 최선을 다한 것입니다. 이를 통해 율법의 진정한 정신을 놓치고 형식에 치

우친 율법주의라는 문제점이 보입니다.

3) 예수님은 청년에게 무엇을 요구하셨습니까? (21절) 청년은 예
   수님의 요구에 어떻게 반응했습니까? (22절)

   ▸ 구제(긍휼), 하늘나라 소망, 따를 것 등 요구 → 근심하며 떠남

   예수님은 청년에게 그가 붙들고 있는 재물을 가난한 자들에게 나
   누라는 구제(긍휼)를 요구하십니다. 청년에게 율법주의적 실천은 있
   었지만, 진정한 율법의 정신인 이웃 사랑의 실천이 없었습니다. 그
   청년 안에는 현세주의라는 재물욕이 주인으로 자리잡고 있었음을
   드러내 보이신 것입니다. 이 땅에서의 삶이 전부라는 현세주의는 하
   늘에서 주어지는 보화를 보지 못하게 합니다. 이에 재물을 내려놓고
   예수님을 따르라는 예수님의 신적(Divine) 초청에 청년은 근심하며
   그 자리를 떠납니다. 이 땅에서의 재물은 필요합니다. 하지만, 그 재
   물에 마음을 빼앗기면 진정한 구원을 누릴 수 없으며, 예수님께로부
   터 오는 풍성한 삶을 살지 못합니다.

   ※ 추가 설명 : 당시 재물이 많다는 것

   당시 팔레스타인에서는 경작할 땅 자체가 제한되어 있고, 그나마
   남은 땅 역시 외부 군대가 점령하고 있었습니다. 이에 한 사람이 큰
   부를 갖는다는 것은 곧 다른 이들이 상대적으로 적게 가지게 되었음
   을 의미합니다. 생산되는 부가 소수에게 집중되었습니다. 당시의 인
   구 중 가장 많은 비율을 차지했던 소작농들은 생활에 필요한 것들

이외의 물품들을 구매할 여력이 없었습니다. 그러나 이 부자 청년은 다른 이웃들과 비교할 수 없이 많은 재산을 가졌습니다. 그것은 당연히 공동체 안에서 불화와 또 다른 이들의 고통을 의미했을 것입니다(채영삼, 『긍휼의 목자 예수』).

4) 모든 면에서 부족한 것이 없어 보였던 이 청년의 약점은 재물이었습니다. 예수님이 지금 당신에게 "나를 따르라"라고 말씀하신다면 어떻게 하겠습니까? 말씀을 온전히 따르지 못하고 주저하게 만드는 것이 있습니까? 있다면, 그것은 무엇입니까?

모든 사람에게는 약점이 있습니다. 이 약점이 예수님의 초청에 응하지 못할 만큼 내 중심에 자리잡고 있다면 그것은 분명한 우상입니다. 우선 이것을 발견하는 것이 중요합니다. 정확한 진단이 있다면 정확한 처방으로 반드시 극복하게 하실 것입니다. 그것이 바로 그 무엇과도 바꿀 수 없는 구원의 은혜의 풍성함입니다.

2 예수님은 돈에 영적인 힘이 있다고 말씀하십니다. 마태복음 6장 19-34절을 읽고 다음 질문에 답해 봅시다.

> 19 너희를 위하여 보물을 땅에 쌓아 두지 말라 거기는 좀과 동록이 해하며 도둑이 구멍을 뚫고 도둑질하느니라 20 오직 너희를 위하여 보물을 하늘에 쌓아 두라 거기는 좀이나 동록이 해하지 못하며 도둑이 구멍을 뚫지도 못하고 도둑질도 못하느니라 21 네 보물 있는 그 곳에는 네 마음도 있느니라

22 눈은 몸의 등불이니 그러므로 네 눈이 성하면 온 몸이 밝을 것이요 **23** 눈이 나쁘면 온 몸이 어두울 것이니 그러므로 네게 있는 빛이 어두우면 그 어둠이 얼마나 더하겠느냐 **24** 한 사람이 두 주인을 섬기지 못할 것이니 혹 이를 미워하고 저를 사랑하거나 혹 이를 중히 여기고 저를 경히 여김이라 너희가 하나님과 재물을 겸하여 섬기지 못하느니라 **25** 그러므로 내가 너희에게 이르노니 목숨을 위하여 무엇을 먹을까 무엇을 마실까 몸을 위하여 무엇을 입을까 염려하지 말라 목숨이 음식보다 중하지 아니하며 몸이 의복보다 중하지 아니하냐 **26** 공중의 새를 보라 심지도 않고 거두지도 않고 창고에 모아들이지도 아니하되 너희 하늘 아버지께서 기르시나니 너희는 이것들보다 귀하지 아니하냐 **27** 너희 중에 누가 염려함으로 그 키를 한 자라도 더할 수 있겠느냐 **28** 또 너희가 어찌 의복을 위하여 염려하느냐 들의 백합화가 어떻게 자라는가 생각하여 보라 수고도 아니하고 길쌈도 아니하느니라 **29** 그러나 내가 너희에게 말하노니 솔로몬의 모든 영광으로도 입은 것이 이 꽃 하나만 같지 못하였느니라 **30** 오늘 있다가 내일 아궁이에 던져지는 들풀도 하나님이 이렇게 입히시거든 하물며 너희일까보냐 믿음이 작은 자들아 **31** 그러므로 염려하여 이르기를 무엇을 먹을까 무엇을 마실까 무엇을 입을까 하지 말라 **32** 이는 다 이방인들이 구하는 것이라 너희 하늘 아버지께서 이 모든 것이 너희에게 있어야 할 줄을 아시느니라 **33** 그런즉 너희는 먼저 그의 나라와 그의 의를 구하라 그리하면 이 모든 것을 너희에게 더하시리라 **34** 그러므로 내일 일을 위하여 염려하지 말라 내일 일은 내일이 염려할 것이요 한 날의 괴로움은 그 날로 족하니라

1) 왜 예수님은 두 주인을 겸하여 섬길 수 없다고 말씀하셨습니까? (24절)

▸ 오직 섬김의 대상은 하나님 한 분이시기 때문

24절의 '섬긴다'(헬라어로 '둘레오')는 피고용인이 아닌 노예의 일을 나타냅니다. 노예는 한 주인의 독점적 재산이므로 그 주인에게만 봉사해야 합니다. 우리 모두는 하나님 혹은 재물, 둘 중에 하나의 노예라는 의미입니다. 재물에 마음을 빼앗긴 자는 하나님으로부터 떠날 수밖에 없습니다. 하나님은 결코 우리 마음의 절반으로 만족하시는 분이 아니십니다. 우리는 공중의 새(26절)와 들의 백합화(28절)를 돌보시는 하나님 아버지를 신뢰해야만 합니다. 하나님의 형상을 닮은 존귀한 우리이기에 우리의 목숨(25절)을 살피시는 하나님 아버지만을 의지하며 섬겨야 합니다.

2) 성경은 돈을 어떻게 묘사하고 있습니까?
   (딤전 6:10, 17; 골 3:5)

딤전 6:10 돈을 사랑함이 일만 악의 뿌리가 되나니 이것을 탐내는 자들은 미혹을 받아 믿음에서 떠나 많은 근심으로써 자기를 찔렀도다

딤전 6:17 네가 이 세대에서 부한 자들을 명하여 마음을 높이지 말고 정함이 없는 재물에 소망을 두지 말고 오직 우리에게 모든 것을 후히 주사 누리게 하시는 하나님께 두며

골 3:5 그러므로 땅에 있는 지체를 죽이라 곧 음란과 부정과 사욕과 악한 정욕과 탐심이니 탐심은 우상 숭배니라

‣ 일만 악의 뿌리, 가시(10절)

돈을 사랑함이 일만 악의 뿌리입니다. 재물을 탐하는 것이 스스로를 해치는 과정은 "탐욕" → "미혹" → "믿음에서 떠나" → "많은 근심" → "자기를 찌름"의 순서로 나타납니다(10절).

돈을 사랑하는 것이 우리 안에 뿌리를 내리면 가시를 내는 식물이 됩니다. 결국에는 자신을 찔러 큰 상처를 남깁니다. 온 세상 사람들은 부자가 되기 위해 열심을 냅니다. 돈을 더 갖기 위한 미혹에 빠지면 우리의 쓸 것을 날마다 채우시는 하나님을 향한 믿음에서 떠나게 됩니다. 또 언제 사라져 버릴지 모르는 돈을 지키기 위해 근심하게 됩니다. 사실 돈 자체가 문제가 아닙니다. 그 돈을 열렬히 갈망하는 것이 악한 것입니다.

- "부(富) 그 자체가 악이 아니라, 그에 대한 열렬한 갈망이 악하다."

J. Calvin

- "돈 그 자체가 아니라, 그것을 과도하게 사랑하는 것이 모든 악의 모체(parent)가 되는 것이다." J. Wesley

- "사람은 돈을 가지기 위해 열망함으로 빈털터리가 된다."

Saint Augustin

- 그레고리[25](Gregory the Great)는 탐욕을 '아픔이 없는 감춰진 질병'(암세포 - 역자 주)으로 표현하였습니다. "암세포는 고통 없이 몸에 침입하여 그 사람에게 아무런 괴로움도 주지 않고 퍼지면서 몸 전체의

---

25) 그리스의 신학자(329?~389?). 동방 교회의 교부(敎父)로, 콘스탄티노플의 주교(主敎)가 되어 니케아 종교 회의 이후의 교의(敎義) 논쟁에서 정통파를 수호하였다.

건강을 해치는 것처럼, 너무나도 많은 탐욕 역시 그것이 원하는 바대로 사로잡힌 사람의 마음을 몹시도 부패하게 만든다." 따라서 우리가 주님과 함께 십자가에 죽은 것처럼(갈 2:20), 우리는 날마다 부해지려고 하는 탐심과 탐욕을 십자가에 못 박아 죽여야만 합니다(골 3:5).

3) 예수님이 돈에 영적인 힘이 있다고 하신 말씀을 어떻게 생각합니까? 당신이 삶에서 느낀 사례를 구체적으로 나누어 봅시다.

우리 주변의 수많은 사람들이 돈의 노예가 되어 있습니다. 또 돈으로 인해 많은 관계가 파괴되는 모습을 심심치 않게 볼 수 있습니다. 나아가 신앙은 있지만 돈 앞에 무기력한 모습을 보이는 사람들도 있습니다. 교회 안의 목회자 역시 돈이 주는 위력 앞에서 목회의 순수함을 잃게 되는 내용을 기사로 접하곤 합니다. 우리는 2,000년 전 예수님 시대와 별반 다르지 않은 오늘날의 모습을 바라보게 됩니다.

4) 그렇다면 당신은 돈을 다스리기 위해 어떻게 해야 하는지 예수님의 말씀을 통해 나누어 봅시다.

▸ 하나님만 전적 신뢰 + 구제

하나님 아버지께서는 자녀들에게 필요한 모든 것을 알고 계십니다(마 6:32). 그리고 우리가 하나님만을 전적으로 신뢰함으로 하나님의 나라를 구할 때, 모든 것을 더하실 수 있는 분이십니다(마 6:33). 이러한 하나님을 전적으로 신뢰하는 신앙의 표현이 바로 구제입니다. 마태복음 6장 20절 말씀처럼 우리가 어떻게 하늘에 보화를 쌓아 둘 수 있습니까? 바로 구제하는 것입니다. 마태복음 6장 22절과 23절에 등장하는 눈이 성하다든지, 눈이 나쁘다는 표현은 "구제에 대해 너그럽다든지, 인색하다든지 하다"라는 뜻의 유대인들의 관용적인 표현입니다. 마태복음 6장 24절에서 사람은 하나님과 '재물'(성경에서 아람어로 '맘몬'이라는 단어로 쓰임)이라는 우상을 모두 섬길 수 없다고 합니다. 하나님만을 섬기는 자는 재물을 더 탐하지 말고 이웃에게 가진 것을 나누어야 합니다. 우리가 가진 재물로 가난한 이웃을 돕는 구제, 이웃 사랑을 실천할 때 비로소 한 주인만 섬길 수 있게 되는 것입니다. 날마다 내게 있는 것을 자족(빌 4:11[26], 딤전 6:6[27])하여 더 가지려 하지 말고 구제하기를 힘쓰는 성도가 됩시다.

3 십일조를 부정하는 사람들은 무슨 근거로 그런 주장을 합니까? (엡 2:15a)

15a 법조문으로 된 계명의 율법을 폐하셨으니

---

26) 내가 궁핍하므로 말하는 것이 아니니라 어떠한 형편에든지 나는 자족하기를 배웠노니
27) 그러나 자족하는 마음이 있으면 경건은 큰 이익이 되느니라

‣ 율법이 폐함

모세의 율법 전체가 그리스도로 인해 효력을 잃게 되었다는 것입니다. 따라서 어떤 이는 구약의 율법 안에 있는 십일조를 지키지 않아도 된다고 주장합니다. 하지만 이 구절은 그런 의미가 아닙니다. 이는 그리스도께서 십자가에서 죽음으로 당시 유대인들과 이방인들 사이의 적대감을 불러일으키는 율법의 부정적 영향력을 제거하셨다는 의미입니다. 하나님께서 유대인들에게 선한 의도로 율법을 주셨으나 유대인들은 이것으로 이방인들을 자신들과 가릅니다. 유대인 스스로 선민의식과 우월의식을 가지게 되어 배타주의에 빠지게 된 것입니다. 이 문제를 해결하시고자 그리스도께서 십자가에 죽으심으로 '규정들로 이루어진 계명들의 율법'을 무력화시키신 것입니다. 그리고 유대인과 이방인을 하나 되게 하심을 말씀하시고자 이 구절을 기록하신 것입니다.

4 그렇다면 이들의 주장에 대한 성경적인 입장은 무엇입니까?

1) 창세기 14:20; 28:22

> **창 14:20** 너희 대적을 네 손에 붙이신 지극히 높으신 하나님을 찬송할지로다 하매 아브람이 그 얻은 것에서 십분의 일을 멜기세덱에게 주었더라
>
> **창 28:22** 내가 기둥으로 세운 이 돌이 하나님의 집이 될 것이요 하나님께서 내게 주신 모든 것에서 십분의 일을 내가 반드시 하나님께 드리겠나이다 하였더라

‣ 십일조의 역사성

아브라함은 롯을 구하고 돌아오는 길에 그리스도를 예표하는 살렘 왕이자 제사장인 멜기세덱를 만나게 되었고 멜기세덱은 아브라함과 그의 일행에게 잔치를 베풀며 축복합니다. 이에 아브라함은 그의 전리품 중 십일조를 멜기세덱에게 바칩니다.

야곱 역시 벧엘에서 하나님을 만나 서원하며 십일조를 드릴 것을 약속합니다. 이후 이스라엘 백성은 하나님에 대한 헌신과 감사의 표시로써 십일조를 하나님께 드립니다. 이처럼 십일조의 역사는 창세기에서부터 찾아볼 수 있습니다.

2) 마태복음 5:17

17 내가 율법이나 선지자를 폐하러 온 줄로 생각하지 말라 폐하러 온 것이 아니요 완전하게 하려 함이라

‣ 율법의 완성, 성취

예수님은 구약의 모든 말씀을 친히 완성하시고 성취하셨습니다. 이는 메시아에 대한 구체적인 예언의 성취이며 제사 제도의 완성, 모든 율법에의 순종 그리고 구약의 모든 지혜 구현 등을 이루심을 의미합니다. 구약의 율법은 폐기가 되는 것이 아닌 예수님으로 인해 완전히 이루어지고 완성되었습니다. 따라서 십일조 역시 예수님 안에서 해석되어야 합니다. 다음 구절에서 더 구체적으로 살펴보겠습니다.

3) 마태복음 23:23

23 화 있을진저 외식하는 서기관들과 바리새인들이여 너희가 박하와 회향과 근채의 십일조는 드리되 율법의 더 중한 바 정의와 긍휼과 믿음은 버렸도다 그러나 이것도 행하고 저것도 버리지 말아야 할지니라

▸ 행위와 정신의 병행

예수님은 외식하는 서기관들과 바리새인들을 향하여 그들이 정해 놓은 작은 원예 작물들(박하, 회향, 근채)에도 부여한 십일조의 행위와 율법의 중요한 정신인 정의와 긍휼과 믿음을 함께 지키며 십일조를 드리라고 말씀하십니다. 구약의 십일조는 특별히 제사장과 레위인의 생계를 위해 사용되었습니다. 예수님께서는 하나님께 드리는 십일조의 행위와 정신 모두를 중요하게 여기신 것입니다.

5 하나님은 어떤 상황에서 십일조를 말씀하셨습니까? (말 3:7)

7 만군의 여호와가 이르노라 너희 조상들의 날로부터 너희가 나의 규례를 떠나 지키지 아니하였도다 그런즉 내게로 돌아오라 그리하면 나도 너희에게로 돌아가리라 하였더니 너희가 이르기를 우리가 어떻게 하여야 돌아가리이까 하는도다

▸ 이스라엘 백성이 마지못해 행하는 제물에 대한 정죄

야곱의 때부터 십일조를 드려왔으나 포로 생활 이후 이스라엘 백성은 이를 몹시 태만하게 행하였습니다(느 13:10-13 [28]). 이처럼 규례를 지키지 않고 있던 이스라엘 백성은 자신들의 문제를 정확히 인식하지 못한 채 돌아오라는 하나님의 말씀에 어떻게 돌아가야 하는지를 오히려 반문하고 있습니다. 이런 이스라엘 백성의 십일조에 대한 태도를 정죄하며 다음의 말씀으로 이어집니다.

6 하나님은 십일조를 하지 않는 사람들을 어떻게 책망하셨습니까? (말 3:8-9)

> 8 사람이 어찌 하나님의 것을 도둑질하겠느냐 그러나 너희는 나의 것을 도둑질하고도 말하기를 우리가 어떻게 주의 것을 도둑질하였나이까 하는도다 이는 곧 십일조와 봉헌물이라 9 너희 곧 온 나라가 나의 것을 도둑질하였으므로 너희가 저주를 받았느니라

---

28) 10 내가 또 알아본즉 레위 사람들이 받을 몫을 주지 아니하였으므로 그 직무를 행하는 레위 사람들과 노래하는 자들이 각각 자기 밭으로 도망하였기로 11 내가 모든 민장들을 꾸짖어 이르기를 하나님의 전이 어찌하여 버린 바 되었느냐 하고 곧 레위 사람을 불러 모아 다시 제자리에 세웠더니 12 이에 온 유다가 곡식과 새 포도주와 기름의 십일조를 가져다가 곳간에 들이므로 13 내가 제사장 셀레먀와 서기관 사독과 레위 사람 브다야를 창고지기로 삼고 맛다냐의 손자 삭굴의 아들 하난을 버금으로 삼았나니 이는 그들이 충직한 자로 인정됨이라 그 직분은 형제들에게 분배하는 일이었느니라

▸ 하나님의 것을 도둑질함

　하나님께서는 하나님께 마땅히 드려야 할 십일조를 드리지 않는 이스라엘 백성을 향하여 하나님의 것을 도둑질하였다고 말씀하십니다. 그래서 그들에게 흉작, 가뭄, 질병의 저주가 임했다고 말씀하십니다. 그런데 이스라엘 백성은 오히려 그 저주로 인해서 십일조를 드리지 못했다고 항변합니다. 이러한 반응은 옳지 않습니다. 하나님께서 형편을 어렵게 하셨기 때문에 십일조를 드리지 못하는 것이 아니라(하나님께 책임 전가), 온전한 십일조를 드리지 않았기 때문에 형편이 어려워졌다고 말하는 것이 옳습니다.

7 온전한 십일조란 어떤 것입니까?

1) 레위기 27:30; 말라기 3:8-9

> **레 27:30** 그리고 그 땅의 십분의 일 곧 그 땅의 곡식이나 나무의 열매는 그 십분의 일은 여호와의 것이니 여호와의 성물이라
>
> **말 3:8-9** 8 사람이 어찌 하나님의 것을 도둑질하겠느냐 그러나 너희는 나의 것을 도둑질하고도 말하기를 우리가 어떻게 주의 것을 도둑질하였나이까 하는도다 이는 곧 십일조와 봉헌물이라 9 너희 곧 온 나라가 나의 것을 도둑질하였으므로 너희가 저주를 받았느니라

‣ **하나님의 것, 하나님의 거룩한 것**

하나님께 드리는 십 분의 일, 즉 십일조는 나의 것이 아닌 하나님의 것입니다. 십일조는 구별된 거룩한 하나님의 것입니다.

2) 창세기 14:20; 마태복음 6:21, 24

> **창 14:20** 너희 대적을 네 손에 붙이신 지극히 높으신 하나님을 찬송할지로다 하매 아브람이 그 얻은 것에서 십분의 일을 멜기세덱에게 주었더라
>
> **마 6:21** 네 보물 있는 그 곳에는 네 마음도 있느니라
>
> **마 6:24** 한 사람이 두 주인을 섬기지 못할 것이니 혹 이를 미워하고 저를 사랑하거나 혹 이를 중히 여기고 저를 경히 여김이라 너희가 하나님과 재물을 겸하여 섬기지 못하느니라

‣ **신앙의 고백**

아브라함은 멜기세덱이 지극히 높으신 하나님을 찬양하는 것에 대한 반응으로 그에게 십일조를 줍니다. 이처럼 온전한 십일조는 우리 신앙의 고백적 표현입니다. 예수님은 "네 보물 있는 그 곳에는 네 마음도 있느니라"(마 6:21)라고 말씀하십니다. 우리가 추구하는 행복, 바로 그 지점에 우리 마음이 있다는 말씀입니다. 명예를 추구하면 마음에 야망이, 돈을 추구하면 그 마음에 탐욕이, 쾌락을 추구하면 방탕한 삶이 그 마음에 자리를 잡게 됩니다. 따라서 이 세상이 주는 행복에 취하게 되면 결코 하나님을 바라볼 수 없습니다. 이러한

상태에서 드리는 십일조는 온전할 수 없습니다. 마음이 배제된 헌금은 위선입니다. 맘몬에게 사로잡힌 사람의 헌금은 결코 하나님께 드릴 수 없습니다. 이는 하나님을 기만하는 행위입니다.

8 왜 하나님은 '온전한 십일조를 드려 하나님을 시험해 보라'고 말씀하셨을까요? (말 3:10; 참고. 골 3:5)

> **말 3:10** 만군의 여호와가 이르노라 너희의 온전한 십일조를 창고에 들여 나의 집에 양식이 있게 하고 그것으로 나를 시험하여 내가 하늘 문을 열고 너희에게 복을 쌓을 곳이 없도록 붓지 아니하나 보라
>
> **골 3:5** 그러므로 땅에 있는 지체를 죽이라 곧 음란과 부정과 사욕과 악한 정욕과 탐심이니 탐심은 우상 숭배니라

‣ 우리에게 복을 주시기 위해

하나님께서는 우리의 마음을 아십니다. 다만, 말라기 3장 7절을 통해 하나님께 돌아오라는 회개 촉구의 진정성을 십일조로 보이라고 말씀하십니다. 이제 내 인생의 주인이 재물이 아닌 하나님이심을 십일조를 통해 드러내 보이라고 말씀하시는 것입니다. 이러할 때 하나님께서는 우리에게 복을 쌓을 곳이 없을 정도로 부어 주시겠다고 말씀하십니다. 이것이 아버지의 마음입니다. 아버지의 마음에 온전히 순종하기만 하면 하늘과 땅의 모든 것을 가지신 하나님 아버지께서 우리에게 필요한 모든 것을 더욱 넘치도록 부어 주실 것입니다 (엡 3:20[29]).

9 온전한 십일조를 드리는 사람에게 만군의 여호와 하나님이 약속하신 복은 무엇입니까? (말 3:11-12)

> **11** 만군의 여호와가 이르노라 내가 너희를 위하여 메뚜기를 금하여 너희 토지 소산을 먹어 없애지 못하게 하며 너희 밭의 포도나무 열매가 기한 전에 떨어지지 않게 하리니 **12** 너희 땅이 아름다워지므로 모든 이방인들이 너희를 복되다 하리라 만군의 여호와의 말이니라

① **재앙과 흉작을 멈추심(11절)** : 메뚜기 재앙과 흉작을 멈추심으로 소산의 풍성함을 약속하십니다. 수고한 것을 풍성히 누릴 수 있다는 것은 큰 복입니다. 세상에서는 수고한 만큼 누리지 못할 때가 많습니다. 하지만 순종하는 하나님의 백성은 전능하신 하나님께서 지켜 주시고 누리게 하십니다.

② **아브라함 약속의 성취(12절)** : "이방인들이 너희를 복되다"고 하는 것은 아브라함에게 주신 약속의 복이 성취되는 것입니다. 이스라엘 백성이 다시 복의 근원이 되어 열방이 복을 받게 되는 것은 큰 영광입니다. 하나님은 다시금 이 영광을 회복시켜 주시겠다고 합니다. 이 영광은 바로 하나님 말씀에 순종하는 우리의 것이 될 수 있습니다.

---

29) 우리 가운데서 역사하시는 능력대로 우리가 구하거나 생각하는 모든 것에 더 넘치도록 능히 하실 이에게

10 십일조는 절대로 강요나 의무감이나 혹은 복을 받기 위해서 하는 것이 아닙니다. 내 인생의 주님이 하나님이심을 고백하고, 하나님의 크고 놀라운 은혜에 감사하며, 신앙을 표현하는 것입니다. 신앙생활을 하면서 온전한 십일조를 드림으로 받은 은혜와 복을 나누어 봅시다.

　우리 인생의 모든 것은 하나님께로부터 온 것입니다. 열의 하나가 주의 것이 아닌 열 중에 열이 모두 주의 것입니다. 그런데 하나님께서는 그분의 자비하심으로 우리에게 열 중에 하나를 요구하십니다. 그리고 그 하나에 우리의 진실한 신앙을 담아 오직 하나님 한 분으로만 만족한다는 고백으로 십일조를 드리길 원하십니다. 더 나아가 나의 소유를 내 것으로 여기지 아니하고 도움이 필요한 이웃과 함께 나누라고 말씀하십니다. 이런 청지기적 삶을 실천할 때, 하나님께서는 내게 손해 보게 하시는 것이 아니라 더욱 많은 재물을 흘려 보내라고 복을 더하실 것입니다. 우리 인생에 이것을 시험해 보라고 도전을 주십니다. 어떻게 하시겠습니까? 그저 연약한 내 손의 힘으로 재물을 붙드시겠습니까? 아니면 전능하신 하나님 손을 붙들고 살아가시겠습니까?

1 우리 가정에서 재정이 어떻게 쓰이고 있는지 점검해 봅시다. 그리고 성경적인 재정 원칙을 따라 재정에 대한 계획을 세워 봅시다.

항목	의식주	사고 싶은 것	헌금(십일조 포함)	기타 비용
현재 비율				
미래 비율				

　드려지는 헌금(십일조 포함)의 비율이 상대적으로 높아질수록 우리 가정을 통한 하나님의 일하심을 더 많이 경험하게 될 것입니다. 우리 가정을 통하여 흘러가는 재정으로 인하여 더 많은 이웃이 또 지구촌이 복을 받게 될 것을 기억하며 기쁨의 손길로 올려 드립시다.

2 재정 지출에 대한 나의 결단을 써 보십시오.

마무리

1. 인도자는 오늘 배운 내용에 대해서 간략하게 정리한 후, 훈련생 개인의 삶에 적용, 도전을 주며 통성기도를 이끌어 갑니다.

2. 마침 기도는 훈련생이 하도록 합니다. 마침 기도에 대해 미리 마음의 준비를 해 올 수 있도록, 한 주 전에 정해서 알려 주도록 합니다.

Memo

10과

순종의 삶

❶ 과제물과 "내 영혼의 거울"(개인별 점검표)을 모임 하루 전까지 총무에게 카톡 또는 메일로 제출할 수 있도록 사전에 공지

❷ 총무는 "내 영혼의 거울"(개인별 점검표)을 취합하여 반별 점검표를 작성한 후 과제물과 함께 목회자에게 제출

❸ 목회자는 모임 전에 미리 "내 영혼의 거울" 및 항목별 과제 점검

❹ 모임 시작 전, 각 개인의 영성생활을 점검해 주는 코멘트를 반드시 해 주시길 바랍니다.

1. 찬양

2. 합심기도

1) 지난 한 주간의 삶을 돌아보며 회개의 시간을 갖고 성령 충만함을 위해 기도합니다.

2) 앞으로의 제자훈련을 통해 진정한 예수님의 제자가 되길, 이를 위해 최선을 다해 훈련에 임하길 기도합니다.

3) 인도자가 대표기도로 마무리를 하고 모임을 시작합니다.

3. 암송 시험

1) 한 명씩 돌아가며 제시된 두 구절을 외우도록 합니다.

① 나의 계명을 지키는 자라야 나를 사랑하는 자니 나를 사랑하는 자는 내 아버지께 사랑을 받을 것이요 나도 그를 사랑하여 그에게 나를 나타내리라 요 14:21

② 하나님을 사랑하는 것은 이것이니 우리가 그의 계명들을 지키는 것이라 그의 계명들은 무거운 것이 아니로다 요일 5:3

4. 과제 점검

1) "내 영혼의 거울" 중심으로 과제를 점검합니다.

2) 각 훈련생마다 영성생활을 점검해 줍니다. 잘한 부분은 칭찬, 부족한 부분은 잘할 수 있도록 동기부여를 해 줍니다.

5. 삶 나눔 및 생활숙제 나눔

1) 지난 한 주 동안 있었던 즐거웠던 일, 슬펐던 일 등 한 주간의 이슈를 나눕니다.

※ 슬프거나 안타까운 일을 들었을 때, 성령님의 인도하심에 따라 바로 합심기도를 해도 좋겠습니다.

2) 지난 주 과제였던 생활숙제 나눔을 가집니다.

6. Q.T 나눔

1) 정해진 본문에 따라 묵상해 온 것을 함께 돌아가며 나누도록 합니다.

2) 시간을 고려하여 정해진 몇 명만 나눠도 괜찮습니다. 다음 주에는 나누는 인원이 겹치지 않고 골고루 나눌 수 있도록 유도합니다.

7. 독후감 나눔

1) 다음 주 수업 전까지 필독서 『꼭 알아야 할 기독교 핵심 교리 50』(데릭 프라임 저)을 읽고 독후감을 제출하도록 안내합니다.

8. 공지 사항

1) 2주 후에는 암송 시험이 있습니다. 1권 전체 암송구절에 대한 누적 시험이오니 훈련생들이 준비할 수 있도록 미리 공지해 주시기 바랍니다.

2) 교재 1권을 마친 후, 공동체 연합의 시간을 갖습니다. 훈련생들이 협의하여 모임 장소를 선정 및 예약할 수 있도록 미리 안내해 주시면 좋습니다.

※ 공동체 연합의 시간은 필수 과정이므로 반드시 참석합니다.

우리는 하나님의 말씀에 순종하는 것을 어려운 일이라고 생각할 때가 있습니다. 하지만 순종은 생각처럼 어렵지 않습니다. 그리고 말씀에 순종할 때 주시는 놀라운 복이 참으로 큽니다. 오늘 무엇이 나의 순종을 주저하게 만드는지, 그것을 어떻게 극복할 수 있을지 살펴보도록 합시다.

Connect 말씀 속으로

1 하나님은 믿는 사람들이 매일 순종하며 살기를 원하십니다. 순종은 믿는 사람들이 가져야 할 마땅한 신앙의 자세입니다.

1) 믿는 사람들은 하나님 앞에서 순종의 삶을 살게 됩니다. 그 이유는 무엇입니까? (요 10:27)

> **27** 내 양은 내 음성을 들으며 나는 그들을 알며 그들은 나를 따르느니라

▸ 우리는 예수님의 양이기 때문에

우리는 오직 선한 목자 되시는 예수님의 양입니다. 우리는 목자의 음성에만 귀를 기울여야만 합니다. 이 말씀은 타인의 음성에 귀를 기울이지 말 것을 내포하고 있습니다. 세상의 달콤한 말들에 넘어가지 않기 위해 예수님의 음성(말씀)에만 집중해야 합니다.

2) 하나님은 믿는 사람들의 순종을 어떻게 생각하십니까? (삼상 15:22)

> **22** 사무엘이 이르되 여호와께서 번제와 다른 제사를 그의 목소리를 청종하는 것을 좋아하심 같이 좋아하시겠나이까 순종이 제사보다 낫고 듣는 것이 숫양의 기름보다 나으니

▸ 말씀 순종이 우선되어야 하는 것을 중요하게 여기심

사울이 폐위(廢位)된 것은 다음의 두 가지 큰 죄 때문입니다. 첫째, 길갈에서 사무엘이 집전하는 제사를 먼저 드리지 않고 전쟁에 착수하였습니다(삼상 13:9[30]). 당시에는 제사장 혹은 예언자가 전쟁 전에 하나님께 묻고 답을 얻는 관습이 있었습니다. 그런데 사울은 이 거룩한 관습을 어긴 것입니다. 둘째, 여호와의 거룩한 전쟁법, 즉 헤

---

30) 사울이 이르되 번제와 화목제물을 이리로 가져오라 하여 번제를 드렸더니

렘 전쟁법을 어겼습니다(삼상 15:9[31]). 이는 사울이 하나님보다 사람을 더 의식하였음을 보여 주는 행위입니다. 우리는 실용주의, 상황의 논리로 자신의 불순종을 합리화시킬 수 없습니다. 이처럼 성경은 하나님의 말씀 순종에 우선이 있어야 함을 가르쳐 줍니다.

3) 하나님은 어쩔 수 없이 하는 수동적인 순종보다 기쁨으로 자원하는 능동적인 순종을 원하십니다. 최근 하나님이 당신에게 요구하신 순종은 무엇이었으며, 그 요구에 당신은 어떻게 반응했는지 나누어 봅시다.

하나님께서는 순종의 근거를 하나님의 음성, 즉 하나님의 말씀에 두십니다. 일차적으로 하나님의 뜻을 알고, 그 뜻 가운데 순종하는 것을 기뻐하십니다. 하나님보다 사람을 의식하여 불순종하는 것을 참으로 싫어하십니다. 나에게 요구하시는 순종이 있다면 어떤 말씀에 대한 순종을 원하시는지 분별해야 합니다. 그리고 그 말씀을 따르는 실천이 중요합니다. 하나님의 말씀을 바탕으로 우리에게 원하시는 순종의 요구와 그에 대한 나의 반응으로는 어떤 것이 있었는지 함께 나누는 시간을 가집시다.

---

31) 사울과 백성이 아각과 그의 양과 소의 가장 좋은 것 또는 기름진 것과 어린 양과 모든 좋은 것을 남기고 진멸하기를 즐겨 아니하고 가치 없고 하찮은 것은 진멸하니라

2 순종에 있어서, 믿는 사람들에게 최고의 롤 모델은 예수 그리스도입니다. 예수님은 이 세상에 계시는 동안 하나님께 온전히 순종하셨습니다. 그러면 예수님은 어떻게 순종하셨을까요?

1) 어린 시절 (눅 2:51)

> **51** 예수께서 함께 내려가사 나사렛에 이르러 순종하여 받드시더라 그 어머니는 이 모든 말을 마음에 두니라

▸ 하나님께 먼저 순종, 그 후 부모에게 순종

소년 시절의 예수님께서 예루살렘 성전에 가신 이야기가 기록된 본문입니다. 이 이야기 속에 소년 예수님을 잃어버린 부모가 성전에서 그분을 찾는 장면이 기록됩니다. 이때 예수님은 이렇게 말씀하십니다. "어찌하여 나를 찾으셨나이까 내가 내 아버지 집에 있어야 될 줄을 알지 못하셨나이까"(눅 2:49). 성경 원문에서 '있어야 된다'에 해당되는 헬라어는 '데이'입니다. 이 단어는 예수님의 사명과 관련하여 주로 사용되는 단어입니다. 따라서 소년 예수님은 하나님 아버지께로부터 받은 사명의 확실함을 늘 인식하고 있었습니다. 그렇기에 예루살렘 성전에 머무신 것입니다. 그 이후, 소년 예수님을 찾으신 부모님에게도 순종의 행위를 하십니다. 이를 통해 예수님은 하나님 아버지께 순종하시고, 그 후 부모에게 순종하는 것을 놓치지 않으셨음을 알 수 있습니다.

2) 공생애 기간 (요 4:34; 참고. 요 14:15)

> **요 4:34** 예수께서 이르시되 나의 양식은 나를 보내신 이의 뜻을 행하며 그의 일을 온전히 이루는 이것이니라
>
> **요 14:15** 너희가 나를 사랑하면 나의 계명을 지키리라

‣ 사랑의 사명, 순종

예수님께서는 양식의 목적이 '하나님의 뜻을 행하며 맡겨 주신 일을 완수하는 것'에 있다고 말씀하십니다. 예수님을 사마리아로 보내신 하나님의 뜻은 사마리아 여인에게 참된 예배를 알게 하심과 유대와 사마리아의 분열과 갈등을 종식시키는 것에 있었습니다. 이처럼 살기 위해 먹는 것이 아니라 사명을 위해 먹는 것입니다.

또한 모든 일에 하나님의 사명을 발견하신 예수님은 사명 순종의 이유가 하나님을 사랑하기 때문임을 알려 주십니다. 억지의 순종이 아닌 기쁨의 자발적 순종은 하나님 사랑에서부터 나옴을 알 수 있습니다. 이처럼 순종함에 있어서 하나님과의 친밀한 관계는 너무나 중요합니다.

3) 십자가의 고난 (마 26:39)

> **39** 조금 나아가사 얼굴을 땅에 대시고 엎드려 기도하여 이르시되 내 아버지여 만일 할 만하시거든 이 잔을 내게서 지나가게 하옵소서 그러나 나의 원대로 마시옵고 아버지의 원대로 하옵소서 하시고

‣ 처절한 기도를 통한 순종

겟세마네 동산의 기도는 예수님의 처절한 기도의 장면을 보여 줍니다. 같은 기사가 있는 누가복음의 기록에 보면 땀이 핏방울처럼 될 정도로 처절한 예수님의 기도에 천사까지도 돕습니다(눅 22:43-44[32]). 왜 이처럼 예수님께서는 간절하고 애절한 기도를 하나님 아버지께 올려 드렸을까요? 그것은 바로 십자가 고난의 순종을 위해서입니다. 이 장면은 하나님께서 요구하시는 가장 힘든 십자가 순종도 오직 기도를 통해서만 가능하다는 것을 예수님께서 직접 보여 주신 것입니다. 내 뜻이 아닌 아버지의 뜻이 내 안에 온전히 이뤄지기 위해서는 간절한 기도가 반드시 필요합니다.

4) 당신은 예수님처럼 하나님의 말씀에 순종하고 있습니까? 당신이 순종하기 어려운 성경 말씀은 무엇인가요? 왜 순종하기 어려운지 함께 나누어 봅시다.

말씀을 통해 나의 생각과 하나님의 뜻과 다름을 보았을 때, 우리는 순종을 주저합니다. 때로는 하나님의 뜻을 나의 뜻에 관철하고자 하는 이기적 욕망을 품습니다. 이것을 내려놓는 것이 우리의 신앙생활에 너무나도 중요합니다. 왜냐하면 하나님의 뜻만이 완전하기 때문입니다. 순종하기 어려운 말씀일지라도 처절한 기도를 통해 순종한

---

32) **43** 천사가 하늘로부터 예수께 나타나 힘을 더하더라 **44** 예수께서 힘쓰고 애써 더욱 간절히 기도하시니 땀이 땅에 떨어지는 핏방울 같이 되더라

경험이 있다면 함께 나눠 봅시다. 그리고 그 순종이 얼마나 우리의 영혼을 유익하게 하였는지도 함께 나눠 봅시다.

3 하나님께 순종하는 우리의 마음은 어떠해야 합니까? 여러 믿음의 사람들이 순종하는 모습을 보며 하나님 앞에서 가져야 할 올바른 순종의 동기를 생각해 봅시다.

1) 야곱 (창 29:20)

> **20** 야곱이 라헬을 위하여 칠 년 동안 라반을 섬겼으나 그를 사랑하는 까닭에 칠 년을 며칠 같이 여겼더라

▸ 사랑하면 순종한다

야곱은 사랑하는 라헬을 얻기 위해 교활한 외삼촌 라반의 밑에서 14년 동안 노예와 같은 생활을 합니다. 하지만 야곱은 이 14년을 며칠로 여깁니다. 이처럼 사랑은 수년을 수일처럼 여기게 합니다. 하나님의 뜻에 대한 순종은 사랑의 발로(發露)입니다. 하나님을 사랑하면 사랑할수록 우리의 순종 역시 쉬워집니다.

2) 베드로 (요 21:15-17)

15 그들이 조반 먹은 후에 예수께서 시몬 베드로에게 이르시되 요한의 아들 시몬아 네가 이 사람들보다 나를 더 사랑하느냐 하시니 이르되 주님 그러하나이다 내가 주님을 사랑하는 줄 주님께서 아시나이다 이르시되 내 어린 양을 먹이라 하시고 **16** 또 두 번째 이르시되 요한의 아들 시몬아 네가 나를 사랑하느냐 하시니 이르되 주님 그러하나이다 내가 주님을 사랑하는 줄 주님께서 아시나이다 이르시되 내 양을 치라 하시고 **17** 세 번째 이르시되 요한의 아들 시몬아 네가 나를 사랑하느냐 하시니 주께서 세 번째 네가 나를 사랑하느냐 하시므로 베드로가 근심하여 이르되 주님 모든 것을 아시오매 내가 주님을 사랑하는 줄을 주님께서 아시나이다 예수께서 이르시되 내 양을 먹이라

▸ 사랑의 회복

예수님을 세 번 부인한 베드로에게 부활의 예수님이 찾아오십니다. 그리고 베드로의 닫힌 마음을 사랑의 언어로 여시고, 그에게 새로운 사명을 허락하십니다. 그것은 바로 예수님의 양을 먹이고 치는 역할입니다. 이것은 곧 양 떼에게 풀을 뜯어 먹이는 역할을 넘어 양 떼를 감독하고 다스리는 역할을 하는 것을 의미합니다. 이 새로운 사명의 부여는 실패의 현장에서 예수님과의 사랑이 회복될 때 시작되었습니다. 그렇습니다. 우리가 할 수 없는 사명 순종의 자리를 주님께서 능히 이루실 수 있습니다. 이 사랑이 결국 베드로를 예수님처럼 십자가에 달리는 순교의 자리까지 나아가게 합니다(요 21:18[33]).

3) 사도 요한 (요일 1:3)

> **3** 우리가 보고 들은 바를 너희에게도 전함은 너희로 우리와 사귐이 있게 하려 함이니 우리의 사귐은 아버지와 그의 아들 예수 그리스도와 더불어 누림이라

▸ 하나님과의 사귐이 먼저

예수님의 사랑하는 제자 요한은 성도들과의 진정한 사귐(교제)이 하나님 아버지와 예수님과 함께하는 것(더불어 누림)에 있다고 말합니다. 모든 성도의 교제는 하나님 안에서만 가능합니다. 이 원리를 전하기 위하여 우리가 먼저 하나님과의 깊은 사귐을 경험해야 합니다. 그래야 성도와 하나님을 연결해 줄 수 있습니다.

---

33) 내가 진실로 진실로 네게 이르노니 네가 젊어서는 스스로 띠 띠고 원하는 곳으로 다녔거니와 늙어서는 네 팔을 벌리리니 남이 네게 띠 띠우고 원하지 아니하는 곳으로 데려가리라

4 순종은 하나님을 향한 사랑 고백입니다. 하나님을 향한 사랑과 순종은 동전의 양면과 같습니다. 하나님을 향한 사랑과 순종의 관계를 다음 구절들에서 어떻게 이야기합니까?

1) 요한일서 5:2-3

> **2** 우리가 하나님을 사랑하고 그의 계명들을 지킬 때에 이로써 우리가 하나님의 자녀를 사랑하는 줄을 아느니라 **3** 하나님을 사랑하는 것은 이것이니 우리가 그의 계명들을 지키는 것이라 그의 계명들은 무거운 것이 아니로다

▶ 무거운 것이 아니다

하나님을 사랑하는 것과 계명을 지키는 것(순종)은 늘 함께 갑니다. 하나님을 사랑한다고 말하며 그분께서 하신 말씀에 순종하지 않는 것은 어불성설(語不成說)입니다. 이처럼 계명을 지키는 것의 핵심은 하나님 자녀에 대한 사랑의 실천, 곧 가장 큰 계명인 '이웃 사랑의 실천'으로 이어져야 합니다. 이 계명의 실천은 무거운 것이 아닙니다. 그 이유는 우리가 하나님께로부터 난 자이기 때문이고(요일 5:1[34]), 그런 우리에게 성령을 주시기 때문입니다(요일 4:13a[35]). 내가 하려 하면 무거운 일이지만 내 안에 계신 성령으로 사랑을 실

---

34) 예수께서 그리스도이심을 믿는 자마다 하나님께로부터 난 자니 또한 낳으신 이를 사랑하는 자마다 그에게서 난 자를 사랑하느니라

35) 그의 성령을 우리에게 주시므로

천하려 하면 가벼워지는 원리입니다.

2) 요한복음 14:15

<blockquote>
15 너희가 나를 사랑하면 나의 계명을 지키리라
</blockquote>

▸ 자연스러운 것이다

주님을 사랑하면 그분의 말씀인 계명을 지키는 것은 쉽습니다. 사
랑을 해 본 사람이라면 누구든지 이해할 수 있을 것입니다. 사랑하
는 사람의 말을 듣기만 하고 지키려 하지 않는다면 사랑은 결코 유
지될 수 없습니다. 주님을 사랑한다면 당연히 그분의 말씀에 순종하
게 됩니다.

3) 하나님을 사랑한다고 하면서 순종에 부족함이 있지는 않았나
   요? 무엇이 부족했는지, 어떻게 하면 그 부족한 부분을 채울
   수 있는지 구체적으로 나누어 봅시다.

하나님께서 예수 그리스도를 통해 베풀어 주신 십자가의 사랑에
비하면 우리의 순종은 한없이 부족합니다. 성경은 우리에게 완전한
자가 되기를 요청하십니다(골 1:28b[36]). 우리의 부족함을 채우고 완
전한 자로 나아가기 위해 두 가지가 필요합니다. 첫째, 예수님을 더

욱 사랑하는 것이고(요 21:15b[37]) 둘째, 성령님을 더욱 의지하는 것
(골 1:29[38])입니다. 날마다 주님의 십자가 사랑을 묵상하며 그리스
도를 더욱 사랑할 것과 이를 이루기 위해 내 안에 계신 성령님을 더
욱 의지할 것을 격려합시다.

5 하나님은 하나님을 사랑하고, 순종하는 사람들에게 은혜를 베푸십
니다. 순종하는 사람들에게 주시는 하나님의 복은 어떤 것들입니까?

1) 요한복음 14:21b
   (참고. 요 13:1; 롬 8:35; 요일 4:10, 16; 습 3:17)

> **요 14:21b** 나를 사랑하는 자는 내 아버지께 사랑을 받을 것이요
>
> **요 13:1** 유월절 전에 예수께서 자기가 세상을 떠나 아버지께로 돌아가실 때가 이른 줄 아시고 세상에 있는 자기 사람들을 사랑하시되 끝까지 사랑하시니라
>
> **롬 8:35** 누가 우리를 그리스도의 사랑에서 끊으리요 환난이나 곤고나 박해나 기근이나 적신이나 위험이나 칼이랴
>
> **요일 4:10** 사랑은 여기 있으니 우리가 하나님을 사랑한 것이 아니요 하나님이 우리를 사랑하사 우리 죄를 속하기 위하여 화목 제물로 그 아들을 보내셨음이라

---

36) 각 사람을 그리스도 안에서 완전한 자로 세우려 함이니
37) 네가 이 사람들보다 나를 더 사랑하느냐
38) 이를 위하여 나도 내 속에서 능력으로 역사하시는 이의 역사를 따라 힘을 다하여 수고하노라

> **요일 4:16** 하나님이 우리를 사랑하시는 사랑을 우리가 알고 믿었노니 하나님은 사랑이시라 사랑 안에 거하는 자는 하나님 안에 거하고 하나님도 그의 안에 거하시느니라
>
> **습 3:17** 너의 하나님 여호와가 너의 가운데에 계시니 그는 구원을 베푸실 전능자이시라 그가 너로 말미암아 기쁨을 이기지 못하시며 너를 잠잠히 사랑하시며 너로 말미암아 즐거이 부르며 기뻐하시리라 하리라

‣ 그 무엇으로도 끊을 수 없는 하나님의 사랑 안에 거하게 하신다

인간의 사랑은 언제나 변합니다. 하지만 하나님의 사랑은 변함이 없습니다. 사랑의 원천이신 하나님의 사랑을 날마다 경험하며 살아갈 수 있다면 얼마나 큰 기쁨이고 감격일까요? 존 칼빈은 스바냐 3장 17절을 통하여 하나님의 사랑이 부부간의 사랑으로 표현된다고 말합니다. 삼위일체의 신비를 담아 놓은 부부 안에서 진정한 사랑은 놀라운 만족감을 누리게 합니다. 하나님의 사랑도 마찬가지입니다. 우리가 진실로 하나님을 사랑하며 말씀의 순종을 실천할 때 가장 완전한 사랑의 기쁨을 누리게 하실 것입니다(요 15:11[39]).

---

39) 내가 이것을 너희에게 이름은 내 기쁨이 너희 안에 있어 너희 기쁨을 충만하게 하려 함이라

2) 요한복음 14:21c (참고. 요 8:29)

> **요 14:21c** 나도 그를 사랑하여 그에게 나를 나타내리라
>
> **요 8:29** 나를 보내신 이가 나와 함께 하시도다 나는 항상 그가 기뻐하시는 일을 행하므로 나를 혼자 두지 아니하셨느니라

▸ 귀히 사용하심

예수님께서는 계명에 순종하는 자를 사랑하여 그에게 자신을 나타내 주겠다고 말씀하십니다(요 14:21). 예수님을 사랑하여 계명을 지키면 예수님께서 함께하심을 더욱 강하게 느끼고, 그에게 은사와 재능이 뚜렷하게 나타나 오직 하나님께서 기뻐하시는 일(요 8:29)을 행하게 됩니다. 이처럼 일생을 하나님 나라를 위해 귀하게 쓰임 받는 것만큼 가치 있는 일은 없습니다. 이러한 복을 누리기 위해 말씀대로 순종하는 삶을 살아갑시다.

3) 위에 언급한 성경 구절 중에 어떤 구절이 가장 마음에 와닿나요? 앞으로 그 구절을 붙들고 하나님 앞에서 순종하겠다고 다짐합시다. 하나님께 순종할 때 어떤 복을 주실지 기대하며 함께 나누어 봅시다.

독일의 경건주의자 친첸도르프는 하나님 손에 들려 있는 것을 바라기보다 하나님 자체를 구하라고 도전을 줍니다. 말씀에 순종함으로 주시는 복을 누리는 것은 중요합니다. 그러나 궁극적으로 하나님

께서 나의 삶에 드러나기를 구하는 것이 가장 큰 복입니다. 누군가 나의 삶의 모습을 통해 하나님의 뜻과 예수 그리스도를 바라볼 수 있다면 이보다 위대한 인생은 없을 것입니다.

Transform 세상 속으로

순종(Obedience)은 하나님을 향한 사랑(Love)과 신뢰(Trust)와 우리의 적극적인 실천(Enter)으로 이뤄집니다. 순종 법칙을 다음과 같이 정리할 수 있습니다.

[O = L + T + E]

가정, 교회, 사회에서 순종의 법칙을 따라 순종의 삶을 삽시다. 아래 표를 활용해 순종의 결단을 하고, 한 주 동안 실천에 옮긴 후 그 결과를 평가해 봅시다.

※ 모임 마지막 시간에 나의 삶의 영역에서 하나님이 지시하시는 순종이 무엇인지 잠시 나눠 보는 시간을 가집시다. 그리고 그것을 한 주간 실천하고, 다음 모임에서 나눠 봅시다.

	하나님이 지시하시는 순종	구체적 실천 방법	순종 여부
가정			
교회			
사회 (직장)			

마무리

1. 인도자는 오늘 배운 내용에 대해서 간략하게 정리한 후, 훈련생 개인의 삶에 적용, 도전을 주며 통성기도를 이끌어 갑니다.

2. 마침 기도는 훈련생이 하도록 합니다. 마침 기도에 대해 미리 마음의 준비를 해 올 수 있도록, 한 주 전에 정해서 알려 주도록 합니다.

Memo

영적 성장과 성숙

❷ 총무는 "내 영혼의 거울"(개인별 점검표)을 취합하여 반별 점검표를 작성한
후 과제물과 함께 목회자에게 제출

❸ 목회자는 모임 전에 미리 "내 영혼의 거울" 및 항목별 과제 점검

❹ 모임 시작 전, 각 개인의 영성생활을 점검해 주는 코멘트를 반드시 해 주시
길 바랍니다.

1. 찬양

2. 합심기도

1) 지난 한 주간의 삶을 돌아보며 회개의 시간을 갖고 성령 충만함을 위해
기도합니다.

2) 앞으로의 제자훈련을 통해 진정한 예수님의 제자가 되길, 이를 위해 최
선을 다해 훈련에 임하길 기도합니다.

3) 인도자가 대표기도로 마무리를 하고 모임을 시작합니다.

3. 암송 시험

1) 한 명씩 돌아가며 제시된 두 구절을 외우도록 합니다.

① 우리가 다 하나님의 아들을 믿는 것과 아는 일에 하나가 되어 온전한 사
람을 이루어 그리스도의 장성한 분량이 충만한 데까지 이르리니 엡 4:13

② 나는 포도나무요 너희는 가지라 그가 내 안에, 내가 그 안에 거하면 사
람이 열매를 많이 맺나니 나를 떠나서는 너희가 아무 것도 할 수 없음이
라 요 15:5

4. 과제 점검

1) "내 영혼의 거울" 중심으로 과제를 점검합니다.

2) 각 훈련생마다 영성생활을 점검해 줍니다. 잘한 부분은 칭찬, 부족한 부분은 잘할 수 있도록 동기부여를 해 줍니다.

5. 삶 나눔 및 생활숙제 나눔

1) 지난 한 주 동안 있었던 즐거웠던 일, 슬펐던 일 등 한 주간의 이슈를 나눕니다.

　※ 슬프거나 안타까운 일을 들었을 때, 성령님의 인도하심에 따라 바로 합심기도를 해도 좋겠습니다.

2) 지난 주 과제였던 생활숙제 나눔을 가집니다.

6. Q.T 나눔

1) 정해진 본문에 따라 묵상해 온 것을 함께 돌아가며 나누도록 합니다.

2) 시간을 고려하여 정해진 몇 명만 나눠도 괜찮습니다. 다음 주에는 나누는 인원이 겹치지 않고 골고루 나눌 수 있도록 유도합니다.

7. 독후감 나눔

1) 수업 전에 훈련생들이 제출한 독후감『꼭 알아야 할 기독교 핵심 교리 50』(데릭 프라임 저) 중 한두 가지를 선정하여 발표하게 합니다.

2) 『꼭 알아야 할 기독교 핵심 교리 50』(데릭 프라임 저)을 읽고 느낀 점을 간단히 나눕니다.

8. 공지 사항

1) 1권 암송 시험 : 다음 주 암송 시험이 있습니다. 누적 시험이오니 1권 전체 암송구절에 대해 암기해 올 수 있도록 공지해 주십시오.

신앙은 반드시 자라 가야 합니다. 성장이 멈춰서는 안 됩니다. 이번 훈련을 통해서 나의 신앙이 과연 얼마나 성장하고 있는지 점검해 보는 시간이 되길 원합니다. 또한 성장하기 위해 무엇을 포기해야 하고, 무엇을 취해야 하는지 결단하는 시간이 됩시다.

Connect 말씀 속으로

1 고린도전서 3장 1-3절을 읽고 자신의 영적 상태를 확인해 봅시다.

> **1** 형제들아 내가 신령한 자들을 대함과 같이 너희에게 말할 수 없어서 육신에 속한 자 곧 그리스도 안에서 어린 아이들을 대함과 같이 하노라 **2** 내가 너희를 젖으로 먹이고 밥으로 아니하였노니 이는 너희가 감당하지 못하였음이거니와 지금도 못하리라 **3** 너희는 아직도 육신에 속한 자로다 너희 가운데 시기와 분쟁이 있으니 어찌 육신에 속하여 사람을 따라 행함이 아니리요

1) 본문 내용에서 확인할 수 있는 두 종류의 그리스도인은 어떤 사람입니까? (1절)

▶ **신령한 자(영적인 사람들) / 육신에 속한 자(육적인 사람들)**

영적인 사람들은 성령에 의해 깨우침을 받고 성령을 따라 사는 사람들입니다. 반면, 육적인 사람들은 하나님께 의존과 순종을 하지 않고 자신의 뜻대로, 자신의 능력대로 사는 사람들입니다.

2) '육신에 속한 자'를 어떤 사람에 비유하고 있습니까? (1절)

▶ **그리스도 안에서 어린아이**

바울은 고린도인들에게 복음을 전파하여 그리스도를 믿음으로 성령을 받도록 하였습니다. 이들은 영적인 삶을 시작하기는 하였으나, 아직도 성령보다는 육신에 의해 더 많이 지배받는 자들이었습니다. 그래서 부정적으로 말하면 아직도 '육적인 자들'이라고 할 수 있겠고, 긍정적으로 말하면 영적인 삶의 초보자들 즉, '그리스도 안에서 어린이들'이라고 칭할 수밖에 없었습니다.

3) '육신에 속한 자'의 특징은 무엇입니까?

① 음식 (2절)

‣ **젖 먹는 아이와 같음**

바울은 고린도 성도의 신앙이 여전히 젖을 먹는 어린아이와 같다고 지적합니다. 신앙생활을 통해서 성숙하게 자라가야 하는데, 그들은 여전히 바울의 심오한 가르침을 받을 수 없는 영적 상태에 머무르고 있었던 것입니다.

② 삶 (3절)

‣ **시기와 분쟁, 사람을 따라 행함**

당시 고린도 성도들은 바울파와 아볼로파로 나뉘어서 서로 시기하며 분쟁하고 있었습니다. 이것은 그들이 성령에 의해 깨우침을 받고 성령에 따라 사는 영적인 자들이 아닌, 육신에 따라 사는 자들이라는 증거입니다.

4) '육신에 속한 자'는 결국 무엇을 따른다고 말합니까? (3절)

‣ **사람을 따라 행함**

당시 고린도 성도들은 서너 개의 파벌로 나뉘어져, 각각 바울, 아볼로, 게바 그리고 그리스도에게 속한다고 주장하였습니다(고전 1:12[40]). 그런데 바울은 만약 인간을 추종한다면, 그것은 성령을 따라 사는 사람이 아니라고 말합니다. 우리는 사람을 바라보는 것이 아니라, 역사하시는 하나님만을 바라봐야 합니다(고전 3:7[41]).

5) '신령한 자'는 성령을 따라 행하는 사람입니다. 성령을 따라 행하는 사람은 어떤 사람입니까? (갈 5:24)

> **24** 그리스도 예수의 사람들은 육체와 함께 그 정욕과 탐심을 십자가에 못 박았느니라

▸ 육체와 함께 그 정욕과 탐심을 십자가에 못 박은 사람

신령한 사람은 더 이상 육체의 소욕대로 살지 않습니다. 끊임없이 육신에 속한 것들(정욕과 탐심)을 십자가에 못 박고, 신령한 것들을 더욱 사모하게 됩니다. 그래서 더 이상 어린아이에 만족하는 신앙이 아닌, 밥과 같은 거친 음식도 마다하지 않는 성장 욕구를 가진 사람이 됩니다. 이런 사람 안에서 살아 계신 성령님을 경험하게 됩니다.

---

40) 내가 이것을 말하거니와 너희가 각각 이르되 나는 바울에게, 나는 아볼로에게, 나는 게바에게, 나는 그리스도에게 속한 자라 한다는 것이니
41) 그런즉 심는 이나 물 주는 이는 아무 것도 아니로되 오직 자라게 하시는 이는 하나님뿐이니라

6) 반면, '육신에 속한 자'는 사람을 따라 행하는 자입니다. 육신에 속했던 과거와 현재를 비교했을 때, 당신에게 어떤 변화가 있는지 함께 나누어 봅시다.

　아직 육신에 속해 신앙생활을 하는 사람은 눈에 보이는 사람에게 현혹되기가 쉽습니다. 그리고 젖을 먹는 쉬운 신앙의 길을 추구합니다. 이것을 지양해야 합니다. 제자훈련생들이 각각 몇 년 정도의 신앙생활을 해 왔는지 햇수를 물어 봅시다. 그리고 신앙생활을 시작할 때와 지금의 신앙생활을 비교해 보고 그동안 어떠한 변화가 진행되고 있는지 나눠 봅시다.

2 에베소서 4장 12-16절에서 영적 성장의 의미와 유익을 살펴봅시다.

> **12** 이는 성도를 온전하게 하여 봉사의 일을 하게 하며 그리스도의 몸을 세우려 하심이라 **13** 우리가 다 하나님의 아들을 믿는 것과 아는 일에 하나가 되어 온전한 사람을 이루어 그리스도의 장성한 분량이 충만한 데까지 이르리니 **14** 이는 우리가 이제부터 어린 아이가 되지 아니하여 사람의 속임수와 간사한 유혹에 빠져 온갖 교훈의 풍조에 밀려 요동하지 않게 하려 함이라 **15** 오직 사랑 안에서 참된 것을 하여 범사에 그에게까지 자랄지라 그는 머리니 곧 그리스도라 **16** 그에게서 온 몸이 각 마디를 통하여 도움을 받음으로 연결되고 결합되어 각 지체의 분량대로 역사하여 그 몸을 자라게 하며 사랑 안에서 스스로 세우느니라

206

1) 신앙은 예수님을 영접한다고 끝이 아닙니다. 영접하고 나서가 더 중요합니다. 다시 말해 우리의 믿음은 계속 성장해야 합니다. 이에 대해 본문은 어떻게 설명하고 있습니까? (13, 15절)

① 성장 원리 : 그리스도를 믿는 것과 아는 일을 추구

신앙 성장의 중요한 핵심 원리는 그리스도를 아는 것과 믿는 것에 있습니다. 이 두 가지가 지속적으로 성장을 해야 합니다. 성도는 그리스도를 더 온전히 알고, 더 온전히 믿어야만 합니다. 무조건적으로 덮어 두고 믿는 것이 아니라, 성경을 펴서 그리스도를 배우고 아는 것을 평생 사모해야 합니다.

② 성장 목표 : 그리스도만큼의 성숙한 사람

'온전한'을 뜻하는 헬라어 '텔레이오스'는 본문에서 '성숙하다'라는 의미로 사용되었습니다. 온전한 사람은 성숙한 사람을 의미합니다. 그런데 이 성숙한 사람은 성도들의 공동체를 가리킵니다. 즉, 성도 개개인이 함께 추구해야 하는 공동체적 개념입니다. 교회를 다니는 성도 모두가 그리스도의 장성한 분량만큼 충만하게 자라 가야만 합니다. 우리 인생의 궁극적인 목표는 우리 모두 함께 그리스도만큼 성숙한 자로 자라 가는 것입니다.

③ 성장 방법 : 복음의 진리를 사랑 안에서 말함

15절의 "참된 것을 하여"(알레튜온테스)는 '진리를 말하다'라는 뜻입니다. 진리는 복음입니다. 그런데 이 복음의 진리를 말함에 있어

서 '오직 사랑 안에서'가 동반되어야 합니다. 세상 사람들이 복음의 진리를 인식할 수 있으려면, 그 진리를 말과 함께 사랑의 삶으로 표현해야 합니다. 이렇게 그리스도 안에 있는 진리를 입술로, 사랑의 삶으로 전하기 시작할 때 놀라운 성장이 일어납니다.

2) '우리가 그리스도의 장성한 분량이 충만한 데까지 이르고, 범사에 그에게까지 자라야 한다'는 말은 무슨 뜻입니까?

▸ 상향 평준화

교회 공동체 신앙의 목적지는 '예수 그리스도'입니다. 물론 우리는 예수님'같이' 될 수는 없지만, 예수님'만큼' 성장할 수 있습니다. 그리스도의 온전한 인격을 닮아 가야 합니다. 교회의 모습도 물론 양적으로 성장해야 하지만, 내적으로 성숙함을 추구해야 하는 것이 중요합니다. 그런데 이런 성숙함은 범사에 나타나야 합니다. 교회 안에서만이 아니라, 우리의 모든 영역에서 그리스도만큼 자라가야 합니다. 따라서 모든 성도들은 그리스도를 닮아 가야 하는 상향 평준화된 신앙을 '함께' 지향해야 합니다.

3) 영적으로 성숙한 사람에게 주시는 하나님의 특별한 은혜가 있습니다. 그 은혜는 무엇입니까? (14절)

▸ 확고부동(確固不動)

14절에서 언급한 어린아이는 영적으로 미성숙한 상태를 이르는 말입니다. 이런 미성숙함은 잘못된 가르침에 이리저리 밀려다니기가 쉽습니다. 그런데 영적으로 성숙해질수록 하나님의 말씀 위에 서서, 어떠한 인생의 풍파를 만나도 확고부동할 수 있게 됩니다. 흔들리지 않는, 확고한 신앙의 성숙함은 그리스도를 알고, 믿고, 사랑으로 전할 때 주시는 하나님의 특별한 은혜입니다.

4) 내가 영적으로 성숙한 사람으로 성장해야 하는 이유는 무엇입니까? 왜 성장이 중요합니까? (12, 16절)

▸ 주신 은사에 따라 봉사의 일을 함으로써 그리스도의 몸을 세움

하나님께서는 모든 사람에게 은사와 재능을 주셨습니다. 우리는 하나님이 주신 달란트를 묻어 두어서는 안 되며, 하나님 나라를 위해 사용하며 봉사해야 합니다. 봉사의 본질은 단순히 일을 잘하는 것이 아닌, 주님을 위해 섬기는 존재가 되는 것입니다. 이것이 사랑 안에서 행해질 때 그리스도의 몸, 즉 교회는 머리 되시는 예수님만큼 온전히 자라게 됩니다. 이런 교회의 모습은 특정한 누군가 혹은 나 자신이 드러나는 것이 아닌, 그리스도를 닮은 성도들 모두가 함께 드러나고 세워지는 것입니다.

5) 영적으로 성숙해지면 나의 신앙에 유익할 뿐 아니라 교회에도 유익합니다. 나는 어떤 부분에서 우리 교회를 유익하게 할 수 있을 것 같습니까?

우선 내가 가진 은사와 재능이 무엇인지 한번 나눠 봅시다. 그리고 그것이 머리 되시는 그리스도께서 원하시는 봉사의 모습, 즉 다른 사람을 사랑으로 섬기고 세우는 일에 어떻게 쓰임받을 수 있을지 나눠 봅시다. 내가 할 수 있는 봉사가 비록 작아보일지라도 그리스도 전체의 몸을 세우는 일임을 기억하며, 사람의 인정이 아닌 하나님의 인정을 받기 위해서 봉사하도록 격려합시다.

3 예수님을 닮아 성장하려면 무엇이 필요합니까?

1) 요한복음 15:5

> **5** 나는 포도나무요 너희는 가지라 그가 내 안에, 내가 그 안에 거하면 사람이 열매를 많이 맺나니 나를 떠나서는 너희가 아무 것도 할 수 없음이라

▸ 인격적 연합

포도나무 되시는 예수님께서는 제자의 삶을 살아가는 우리에게 가지로 붙어 있을 것을 말씀하십니다. 예수님은 우리를 강압적으로 대하지 않으시고, 인격적으로 초청하십니다. 우리가 그분 안에 붙어 있기로 날마다 자발적으로 결단하며 살아가기 원하십니다. 우리가 예수님 안에 거한다는 것은 그분의 가르침을 따라 생각하고 행동하

는 것입니다. 따라서 우리는 예수님과 날마다 인격적 연합으로 말미암아 끊임없이 그분께서 공급해 주시는 영양분으로 예수님을 닮아 갈 수 있습니다.

2) 에베소서 4:13

> **13** 우리가 다 하나님의 아들을 믿는 것과 아는 일에 하나가 되어 온전한 사람을 이루어 그리스도의 장성한 분량이 충만한 데까지 이르리니

‣ 믿는 것과 아는 것의 하나 됨을 추구

앞에서 언급한 것을 다시 한번 더 강조합니다. 과연 나는 예수님을 영접하고 난 이후, 얼마나 예수님을 아는 것과 믿는 것의 일치를 추구해 왔는지 점검해 보길 원합니다. 우리는 예수님을 알아 가는 지식으로 풍부해져야 합니다. 그분께서 내려 주시는 복만 알고 구하는 것이 아니라, 그분께서 친히 걸어가신 십자가의 은혜의 풍성함을 또한 알아 갈 수 있어야 합니다. 하나님을 인격적으로 알아 가는 지식이 우리를 진정으로 살릴 수 있습니다(호 4:6a[42]). 하나님을 더욱 알아 가길 사모하고, 아는 지식이 믿음과 하나 되어 피조세계가 그토록 원하는(롬 8:19[43]) 예수님을 닮은 그리스도인이 나타나길 소망합시다.

---

42) 내 백성이 지식이 없으므로 망하는도다
43) 피조물이 고대하는 바는 하나님의 아들들이 나타나는 것이니

3) 골로새서 3:23

‣ 작은 일에 최선을 다함

이 구절은 바울이 종들에게 하는 말씀입니다. 비록 자신이 사람의 종일지라도 그것을 넘어 그리스도의 종이라는 사실을 기억하라는 것입니다. 그래서 모든 일에 있어서 사람이 아닌, 그 일을 맡기신 분이 주님이심을 기억하며 주님의 영광을 위해서 하라는 권면입니다.

우리 자신에게 적용해 보겠습니다. 우리는 맡겨진 일을 할 때, 그것이 작은 일일지라도, 모든 일을 주께 하듯 최선을 다해야 합니다. 우리는 일상 속에서 작은 일을 하찮게 여기며 대충 처리할 때가 많습니다. 하지만 우리 일상에서 벌어지는 모든 일을 주님과 연결시켜서 행할 때, 우리 삶의 모든 영역에서 예수님을 드러내는 삶을 살 수 있을 것입니다. 예수님을 닮아 가는 것은 거창한 것이 아닌, 오늘 나의 하루의 삶 속에 가장 사소한 일일지라도 주께 하듯 하는 마음을 가질 때 일어나는 일임을 기억합시다.

4 이제 인생의 목적지를 예수님으로 설정합시다. 멈추지 않고 평생 예수님을 닮기 위해서 지금 무엇을 결단하고 실천해야 하는지 나누어 봅시다. 그리고 그 내용을 구체적으로 적고 바로 실천에 옮깁시다.

　작은 일부터 시작해야 합니다. 지금 나의 삶 속에 가장 귀찮은 일이 무엇인지, 대충하고 있는 일은 무엇인지 생각해 봅시다. 그리고 그 일부터 예수님과 연결시켜 봅시다. 예수님의 마음으로 그 일에 임해 봅시다. 그 일이 어떻게 달라질까요? 이렇게 변화되는 작은 일 하나하나가 모여 나의 인격을 이루고, 그 인격 속에 예수님의 모습이 드러나게 될 것입니다.

　그리고 행함이 있기 전에 인격적으로 주님을 알아 가는 과정이 반드시 필요합니다. 평생 주님을 알아 가는 일에 힘쓰겠다고 결단합시다. 나의 나이가 그 결단을 가로막지 못하도록 합시다. 일평생 주님을 알아 가기를 결단하고, 그 앎이 삶으로 이어지길 기도하며 다짐합시다.

Transform 세상 속으로

우리는 평생 모든 삶의 영역에서 예수님을 닮아야 합니다. 당신의 삶에서 무엇을 닮아야 할지 구체적으로 결단하고 기록해 봅시다. 그리고 한 주 동안 실천에 옮긴 후 그 결과를 평가해 봅시다.

하나님의 말씀에 입각해서 나의 삶에 아직 예수님을 닮지 못하고 있는 부분이 있다면 적어 봅시다. 당장 한 주 만에 변화되기란 어려울 것입니다. 하지만 자신의 문제를 정확히 진단하고, 하나님께 은혜를 구하며 변하겠다고 다짐하는 것이 중요합니다. 이를 통해 우리 삶에 예수님을 닮아 가는 변화가 반드시 일어나게 될 것입니다.

	결단 내용	실천 결과
가정		
교회		
사회 (직장)		

마무리

1. 인도자는 오늘 배운 내용에 대해서 간략하게 정리한 후, 훈련생 개인의 삶에 적용, 도전을 주며 통성기도를 이끌어 갑니다.

2. 마침 기도는 훈련생이 하도록 합니다. 마침 기도에 대해 미리 마음의 준비를 해 올 수 있도록, 한 주 전에 정해서 알려 주도록 합니다.

Memo

비전의 사람이 돼라

☆ 오늘은 암송 시험이 있는 날입니다. 모임 시작 전 잠시 기도해 주시고, 시험지 배포 및 시험 시간(약 20분)을 가지십시오.

모임을 시작하기 전,	❶ 과제물과 "내 영혼의 거울"(개인별 점검표)을 모임 하루 전까지 총무에게 카톡 또는 메일로 제출할 수 있도록 사전에 공지

❷ 총무는 "내 영혼의 거울"(개인별 점검표)을 취합하여 반별 점검표를 작성한 후 과제물과 함께 목회자에게 제출
❸ 목회자는 모임 전에 미리 "내 영혼의 거울" 및 항목별 과제 점검
❹ 모임 시작 전, 각 개인의 영성생활을 점검해 주는 코멘트를 반드시 해 주시길 바랍니다.

1. 찬양

2. 합심기도

1) 지난 한 주간의 삶을 돌아보며 회개의 시간을 갖고 성령 충만함을 위해 기도합니다.

2) 앞으로의 제자훈련을 통해 진정한 예수님의 제자가 되길, 이를 위해 최선을 다해 훈련에 임하길 기도합니다.

3) 인도자가 대표기도로 마무리를 하고 모임을 시작합니다.

3. 암송 시험

1) 한 명씩 돌아가며 제시된 두 구절을 외우도록 합니다.

① 내가 달려갈 길과 주 예수께 받은 사명 곧 하나님의 은혜의 복음을 증언하는 일을 마치려 함에는 나의 생명조차 조금도 귀한 것으로 여기지 아니하노라 행 20:24

② 다니엘이 이 조서에 왕의 도장이 찍힌 것을 알고도 자기 집에 돌아가서
는 윗방에 올라가 예루살렘으로 향한 창문을 열고 전에 하던 대로 하루
세 번씩 무릎을 꿇고 기도하며 그의 하나님께 감사하였더라 `단 6:10`

4. 과제 점검

1) "내 영혼의 거울" 중심으로 과제를 점검합니다.

2) 각 훈련생마다 영적 생활을 점검해 줍니다. 잘한 부분은 칭찬, 부족한
부분은 잘할 수 있도록 동기부여를 해 줍니다.

5. 삶 나눔 및 생활숙제 나눔

1) 지난 한 주 동안 있었던 즐거웠던 일, 슬펐던 일 등 한 주간의 이슈를 나
눕니다.

※ 슬프거나 안타까운 일을 들었을 때, 성령님의 인도하심에 따라 바로 합심기
도를 해도 좋겠습니다.

2) 지난 주 과제였던 생활숙제 나눔을 가집니다.

6. Q.T 나눔

1) 정해진 본문에 따라 묵상해 온 것을 함께 돌아가며 나누도록 합니다.

2) 시간을 고려하여 정해진 몇 명만 나눠도 괜찮습니다. 다음 주에는 나누
는 인원이 겹치지 않고 골고루 나눌 수 있도록 유도합니다.

7. 공지 사항

1) 다음 주는 공동체 연합의 시간(야외 모임)으로 진행됩니다. 필수 과정
이므로 반드시 참석할 수 있도록 안내합니다.

2) 2주 후에 '교회란 무엇인가 & 분립개척교회 세미나'가 진행될 예정입
니다. ※ 추후 공지

하나님의 사람은 절망하지 않고 포기하지 않습니다. 하나님의 사람은 소망을 노래합니다. 하나님의 사람은 끊임없이 도전합니다. 그 이유는 바로 하나님께서 주신 비전이 있기 때문입니다. 오늘 이 시간을 통해서 비전이 무엇이고, 그것을 이뤄 가기 위해서 나는 과연 무엇을 어떻게 해야 하는지 살펴보길 원합니다.

Connect 말씀 속으로

1 어릴 적부터 간직했던 꿈이 있습니까? 그 꿈은 무엇입니까?

즐거운 상상을 해 봅니다. 어린 시절 나의 꿈은 무엇인지 함께 나눠 보고, 왜 그런 꿈을 꾸었는지도 함께 나눠 봅시다.

2 요셉은 꿈꾸는 사람이었습니다. 창세기 37장 말씀에 '꿈'이라는 단어가 무려 9번이나 등장합니다. 요셉이 꾼 꿈은 어떤 내용이었습니까?

1) 7절

> **7** 우리가 밭에서 곡식 단을 묶더니 내 단은 일어서고 당신들의 단은 내 단을 둘러서서 절하더이다

▸ **요셉의 단에 형제들의 단이 절하는 꿈**

2) 9절

> **9** 요셉이 다시 꿈을 꾸고 그의 형들에게 말하여 이르되 내가 또 꿈을 꾼 즉 해와 달과 열한 별이 내게 절하더이다 하니라

▸ **해와 달과 열한 별이 요셉에게 절함**

해와 달은 부모를 상징하고, 열한 별은 요셉의 형제들을 상징합니다. 이렇게 하나님께서 요셉에게 두 번의 비슷한 꿈을 반복적으로 주신 이유는 그 꿈이 이뤄질 것을 확증하기 위함입니다.

3 요셉이 꾼 꿈은 그가 잠재의식이나 마음으로 품고 있던 소망이 아닙니다. 요셉의 꿈은 하나님에게서 온 것이었습니다.

1) 성령님은 어떤 분입니까? (행 2:17; 참고. 욜 2:28-29)

> **행 2:17** 하나님이 말씀하시기를 말세에 내가 내 영을 모든 육체에 부어 주리니 너희의 자녀들은 예언할 것이요 너희의 젊은이들은 환상을 보고 너희의 늙은이들은 꿈을 꾸리라
>
> **욜 2:28-29** 28 그 후에 내가 내 영을 만민에게 부어 주리니 너희 자녀들이 장래 일을 말할 것이며 너희 늙은이는 꿈을 꾸며 너희 젊은이는 이상을 볼 것이며 29 그 때에 내가 또 내 영을 남종과 여종에게 부어 줄 것이며

▸ 비전을 가지게 하시는 분

사도 베드로는 오순절 성령의 강림 사건이 일어나자, 즉각적으로 요엘서의 말씀을 떠올립니다. 그리고 요엘서 2장 28절의 '그 후에'를 '말세에'로 재해석하여 선포합니다. 성령 하나님께서 강림하신 후, 그날부터 종말이 시작되었음을 알리고자 함입니다. 그리고 구약에서는 하나님의 뜻을 선지자 혹은 예언자에게 꿈과 환상으로 알리셨는데, 성령 강림 이후 연령과 성별과 신분을 뛰어넘어 모든 사람 위에 보편적으로 하나님의 뜻(비전)을 알리시겠다고 선포하십니다. 이 비전의 핵심은 예수 그리스도이십니다. 구약에 감춰진 모든 것이 신약의 예수 그리스도를 통해 다 드러나고 이루어졌기 때문에, 성령께서 우리에게 주신 비전의 중심에는 오직 예수 그리스도가 계십니다.

2) 인간이 꿈을 꾸면 야망이 되지만, 하나님이 꿈을 꾸게 하시면 비전이 됩니다. 야망과 비전은 전혀 다릅니다. 이 둘을 어떻게 구분할 수 있습니까?

① 가장 나다운 것이 비전이다. (소명)

하나님께서는 개개인에게 재능(달란트[44])을 주십니다. 하나님께서 각자에게 주신 재능을 통해 영광을 받기를 원하십니다. 이 재능은 나에게만 고유하게 주셨기에 가장 나다운 것이며, 이것을 통해 하나님 나라의 비전을 이뤄가는 소명을 주셨습니다.

② 예수님 중심이면 비전이다. (하나님 사랑)

나 중심이면 야망이지만, 예수님 중심이면 비전입니다. 우리는 오직 예수 그리스도를 위해 사는 존재입니다(롬 14:8[45]). 그러하기에 우리가 하는 모든 일에 예수님을 연결시켜야 합니다. 이렇게 예수님과 연결된 나의 일이 바로 비전이 됩니다. 이런 면에서 비전은 거창한 것이 아닙니다. 매일 예수님을 중심에 모시고 내게 맡겨진 일을 이루어 가는 것입니다. 그런데 예수님을 위해 사는 것에는 반드시 중요한 전제가 있습니다. 그것은 바로 예수님을 진실로 사랑하는 것입니다(요 21:15[46]).

---

44) 각각 그 재능대로 한 사람에게는 금 다섯 달란트를, 한 사람에게는 두 달란트를, 한 사람에게는 한 달란트를 주고 떠났더니(마 25:15)
45) 우리가 살아도 주를 위하여 살고 죽어도 주를 위하여 죽나니 그러므로 사나 죽으나 우리가 주의 것이로다

③ 타인 지향적이면 비전이다. (이웃 사랑)

나의 뜻을 이루는 것(야망)이 아니라 하나님의 뜻을 이루는 것이 비전인데, 그 비전은 언제나 타인을 향하게 합니다. 내게 주신 달란트를 통해 예수님을 사랑하는 마음으로 타인을 나 자신과 같이 사랑하며 섬길 때, 그것이 바로 온전한 비전입니다. 이런 관점에서 보면, 비전은 무엇을 하느냐(Doing)가 아니라, 어떻게 사느냐(Being)에 방점이 찍혀 있음을 알 수 있습니다.

4 다니엘은 운명에 순응하며 살지 않았습니다. 포로가 되었다고 하나님을 원망하지 않았습니다. 다니엘은 포로 신분이었지만, 하나님 앞에서 뜻을 정했습니다. 이것이 그의 비전이었습니다. 다니엘이 정한 뜻은 무엇입니까?

1) 다니엘 1:8

> **8** 다니엘은 뜻을 정하여 왕의 음식과 그가 마시는 포도주로 자기를 더럽히지 아니하리라 하고 자기를 더럽히지 아니하도록 환관장에게 구하니

---

46) 그들이 조반 먹은 후에 예수께서 시몬 베드로에게 이르시되 요한의 아들 시몬아 네가 이 사람들보다 나를 더 사랑하느냐 하시니 이르되 주님 그러하나이다 내가 주님을 사랑하는 줄 주님께서 아시나이다 이르시되 내 어린 양을 먹이라 하시고

‣ 크리스천 정체성 지키기

다니엘이 정한 뜻은 당대 최강국이었던 바벨론 제국의 정신을 이어받지 않는 것입니다. 그리고 비록 바벨론에 의해서 멸망당하긴 했지만, 이스라엘의 유일한 하나님, 전능하신 하나님을 믿고 의지하는 신앙을 굽히지 않았습니다. 이 마음의 일환으로 바벨론 제국이 제공해 주는 산해진미를 먹지 않기로 결단합니다. 고대사회에 왕의 음식은 종교행사와 관련이 깊기에 부정한 음식이 식단에 있을 가능성이 컸습니다. 레위기 11장에 의거하여서 신앙을 지키고자 뜻을 정한 것으로 볼 수 있습니다. 이처럼 다니엘이 정한 뜻은 자기 부인이며, 바벨론의 세상 속에 있으나, 바벨론의 세상에 속한 삶을 거부하는 것입니다.

2) 다니엘 6:10

> **10** 다니엘이 이 조서에 왕의 도장이 찍힌 것을 알고도 자기 집에 돌아가서는 윗방에 올라가 예루살렘으로 향한 창문을 열고 전에 하던 대로 하루 세 번씩 무릎을 꿇고 기도하며 그의 하나님께 감사하였더라

‣ 기도

바벨론이 망하고, 메데가 세계의 패권을 잡습니다. 나라 자체가 바뀌었음에도 불구하고 다니엘은 총리직을 수행합니다(단 6:2a[47]). 그런데 다른 고관대작들이 다니엘을 시기 질투하여 그를 고발하기 위

해 수를 씁니다. 그 고발의 진행 과정이 참 흥미롭습니다. 우선 다니엘의 공직생활에서는 전혀 흠을 찾아볼 수가 없었습니다. 오직 다니엘이 믿는 신앙에서만 고발의 근거를 찾았습니다. 이에 다리오왕은 다니엘을 시기한 고관들의 꾀에 넘어가 도장이 찍힌 칙령을 내려 한 달 동안 다른 신에게 기도하는 것을 금지시킵니다. 왕조차도 취소할 수 없는 절대 변경이 불가한 금령이 발표된 것입니다. 하지만, 다니엘은 이에 굴하지 않습니다. 그는 '습관대로' 자신의 기도실에 올라가 예루살렘을 향해 창문을 열고(왕상 8:48[48] 근거), 무릎을 꿇고 기도합니다. 다니엘은 알았습니다. 세상의 왕 다리오보다, 온 세상의 창조주이자 왕이신 하나님이 더 크심을 알았고, 가장 큰 믿음의 행위인 기도를 올려 드립니다. 이런 절체절명의 위기 속에서도 기도할 수 있는 가장 큰 이유는 바로 '습관화된 기도'에 있습니다.

---

47) 또 그들 위에 총리 셋을 두었으니 다니엘이 그 중의 하나이라
48) 자기를 사로잡아 간 적국의 땅에서 온 마음과 온 뜻으로 주께 돌아와서 주께서 그들의 조상들에게 주신 땅 곧 주께서 택하신 성읍과 내가 주의 이름을 위하여 건축한 성전 있는 쪽을 향하여 주께 기도하거든

5 다니엘이 하나님 앞에 뜻을 정했을 때, 하나님은 그에게 놀라운 복을 주셨습니다. 하나님 앞에 뜻을 정할 때, 우리는 어떤 복을 받습니까?

1) 로마서 16:3-4

> **3** 너희는 그리스도 예수 안에서 나의 동역자들인 브리스가와 아굴라에게 문안하라 **4** 그들은 내 목숨을 위하여 자기들의 목까지도 내놓았나니 나뿐 아니라 이방인의 모든 교회도 그들에게 감사하느니라

▸ 만남의 복

본문은 다니엘처럼 하나님 앞에 뜻을 정한 사도 바울의 동역자를 소개하는 구절입니다. 첫 번째로 브리스가와 아굴라 가정을 언급합니다. 그리고 그 가정이 자신을 위해 목숨까지 내걸었다고 말합니다. 정말로 복음을 위한 충직한 가정이 아닐 수 없습니다. 복음 전파를 위해 뜻을 세운 바울에게 하나님께서는 이처럼 동역자를 만나는 복을 허락해 주십니다.

※ 아굴라와 브리스길라 가정

사도 바울과의 만남은 사도행전 18장에 등장합니다. 이 가정은 로마에서 살았던 유대인인데, 로마의 황제 글라우디오가 모든 유대인들에게 로마에서 떠날 것을 명하여 이탈리아로 이주했습니다(행 18:2[49]). 여기에서 바울은 고린도 도시에서 이 가정을 찾아갑니다. 이

유는 생업(텐트메이커)이 같으므로 일을 하기 위해서였습니다. 그 이후, 이 가정은 사도 바울의 충실한 동역자요, 협력자 가정이 됩니다.

2) 다니엘 6:26

26 내가 이제 조서를 내리노라 내 나라 관할 아래에 있는 사람들은 다 다니엘의 하나님 앞에서 떨며 두려워할지니 그는 살아 계시는 하나님이시요 영원히 변하지 않으실 이시며 그의 나라는 멸망하지 아니할 것이요 그의 권세는 무궁할 것이며

▸ 세상이 하나님을 인정하게 된다

다니엘은 다른 고관들의 음모로 인해 사자 굴에 던져졌으나, 전혀 상함이 없었습니다. 이를 지켜본 다리오왕은 살아 계신 하나님을 경험하게 됩니다. 그리고 그의 입술로 하나님의 위대하심을 선포합니다. 이처럼 하나님 앞에 뜻을 정하여 늘 습관을 따라 기도하며 세상 속에서 탁월함(실력, 청렴 등)으로 살아간 다니엘로 인해 세상은 하나님을 인정하지 않을 수 없게 됩니다.

---

49) 아굴라라 하는 본도에서 난 유대인 한 사람을 만나니 글라우디오가 모든 유대인을 명하여 로마에서 떠나라 한 고로 그가 그 아내 브리스길라와 함께 이달리야로부터 새로 온지라 바울이 그들에게 가매

3) 다니엘 1:17, 20 (참고. 잠 1:7)

> **단 1:17** 하나님이 이 네 소년에게 학문을 주시고 모든 서적을 깨닫게 하시고 지혜를 주셨으니 다니엘은 또 모든 환상과 꿈을 깨달아 알더라
>
> **단 1:20** 왕이 그들에게 모든 일을 묻는 중에 그 지혜와 총명이 온 나라 박수와 술객보다 십 배나 나은 줄을 아니라
>
> **잠 1:7** 여호와를 경외하는 것이 지식의 근본이거늘 미련한 자는 지혜와 훈계를 멸시하느니라

▸ **윤택한 얼굴, 학문(배우고 깨닫는 마음), 서적을 깨닫는 지혜(이해력, 통찰력), 미래학, 탁월함 등**

오늘 본문에는 등장하지 않지만, 다니엘 1장 15절에 보면, 다음과 같이 기록합니다. "열흘 후에 그들의 얼굴이 더욱 아름답고 살이 더욱 윤택하여 왕의 음식을 먹는 다른 소년들보다 더 좋아 보인지라." 얼굴에 윤기와 광채가 난다고 기록되어 있습니다. '얼굴'의 '얼'은 정신, '굴'은 고을, 즉 장소라는 의미를 가지고 있습니다. 즉 얼굴이란, 정신이 머무는 곳이란 뜻입니다. 얼굴에 윤기와 광채가 나는 사람은 하나님 중심의 정신을 가진, 하나님과 밀접하게 동행하는 사람에게 드러납니다.

이제 17절을 설명하겠습니다.

"학문을 주시고"라는 것은 배우고 깨닫는 마음을 주셨다는 것입니다. "모든 서적을 깨닫게 하시고"는 서적 안에 지식을 깨닫게 하시므로 하나님의 창조 법칙과 원리를 통달하고 해박하게 이해하는 능력을 주신 것입니다. 그리고 하나님께서 운행하시는 역사와 세계를 이

해하는 통찰력을 주십니다. 이런 지식의 시작(근본)은 하나님을 경외함으로 옵니다(잠 1:7). 하나님께서는 하나님을 경외한 다니엘에게 이런 지식을 선물로 주십니다.

"모든 환상과 꿈을 깨달아 알더라"는 말씀을 통해 다니엘에게 환상과 꿈을 분변하고 해석하는 능력까지 더해 주셨음을 알 수 있습니다. 하나님께서는 이 능력을 통해 다니엘이 제왕들의 자문관 역할을 확실히 수행하게 하십니다.

20절 말씀은 다니엘과 세 친구에게 세상이 따라올 수 없는 탁월함을 주셨다는 것입니다. 당시 바벨론 치하의 식민지에서 온 수많은 엘리트 가운데서도 열 배나 나았다는 것은 단순한 문자적 해석이기보다는 하나님께서 주신 능력이 다른 사람들과 비교할 수 없을 정도로 탁월함을 말합니다.

6 사도 바울이 예루살렘으로 가려고 할 때, 많은 사람이 그를 만류했습니다. 하지만 그는 이에 아랑곳하지 않고 당당히 나아갔습니다. 왜냐하면, 그에게는 무엇도 막을 수 없는 비전이 있었기 때문입니다.

1) 사도 바울의 비전은 무엇이었습니까? (행 20:24)

> **24** 내가 달려갈 길과 주 예수께 받은 사명 곧 하나님의 은혜의 복음을 증언하는 일을 마치려 함에는 나의 생명조차 조금도 귀한 것으로 여기지 아니하노라

‣ 복음 전파

사도 바울은 예루살렘에 결박과 환난이 자신을 기다린다는 것(행 20:23[50])을 알고 있었으면서도 그 길을 걸어갑니다. 그 이유는 자신을 향한 하나님의 분명한 비전(사명)을 알고 있었기 때문입니다. 그 사명은 바로 복음 전파의 사명입니다(행 9:15[51]). 그런데 이 사명은 사도 바울에게만 국한된 것이 아닙니다. 복음 전파는 예수님을 구주로 영접한 모든 사람에게 주어지는 사명입니다(행 1:8[52]). 성령께서 임하신 모든 사람은 복음에 사로잡히게 됩니다. 복음에 사로잡히게 되면, 자신의 생명조차 조금도 귀한 것으로 여기지 아니하는 믿음을 소유하게 됩니다.

2) 비전의 사람은 세상이 감당할 수 없는 사람입니다(히 11:38). 하나님이 주신 비전으로 고난과 역경을 이긴 경험이 있습니까? 함께 나누어 봅시다.

> **38** (이런 사람은 세상이 감당하지 못하느니라) 그들이 광야와 산과 동굴과 토굴에 유리하였느니라

---

50) 오직 성령이 각 성에서 내게 증언하여 결박과 환난이 나를 기다린다 하시나
51) 주께서 이르시되 가라 이 사람은 내 이름을 이방인과 임금들과 이스라엘 자손들에게 전하기 위하여 택한 나의 그릇이라
52) 오직 성령이 너희에게 임하시면 너희가 권능을 받고 예루살렘과 온 유대와 사마리아와 땅 끝까지 이르러 내 증인이 되리라 하시니라

히브리서 11장 32-38절의 말씀은 수많은 믿음을 지킨 사람들의 면모를 기록하고 있습니다. 믿음이란 하나님에 대한 일편단심의 충성심을 말합니다. 이러한 믿음의 사람들을 어찌 세상이 감당할 수 있겠느냐고 반문합니다. 그리고 우리도 역시 이 신앙의 반열에 서기를 원합니다.

믿음과 신앙이 확고히 자리잡은 사람들은 역시 하나님 나라의 사명에 사로잡히게 됩니다. 그것을 이뤄드리기 위한 비전의 사람이 됩니다. 이런 사람에게 찾아오는 고난과 역경은 오히려 하나님을 전파하는 스피커가 됩니다.

이와 같이 나만의 비전 이야기가 있다면 함께 나눠 봅시다. 그리고 그와 같은 삶을 지속적으로 살아가기를 격려합니다.

7 하나님이 내게 주신 비전은 무엇입니까? 함께 나누어 봅시다.

그리스도인에게는 반드시 비전이 있어야 합니다. 왜냐하면 하나님께서 그것을 모든 그리스도인에게 허락하시기 때문입니다. 주어진 환경 속에서, 내가 가지고 있는 재능을 통해서, 하나님 나라를 위해 어떠한 삶을 살아갈 수 있을지를 함께 나눠 봅시다.

하나님이 당신에게 주신 비전을 이룰 수 있도록 비전 보드(Vision Board)를 작성해 봅시다.

　나의 삶 속에, 나의 가정에, 나의 환경(직장) 속에 이뤄질 일들을 상상하며 적어 봅시다. 짧게는 5년 후, 길게는 20년 후, 나의 삶에 영역 영역마다 이뤄질 놀라운 일들을 생각해 보고, 그것을 이루기 위해 무엇을 준비해야 하며, 그에 따른 상상의 아름다운 결과를 적어 봅시다. 상상만으로도 행복한 비전은 반드시 믿음 안에 이뤄질 것입니다.

나의 비전 :

기간	목표	준비 사항	예상 결과
5년 후			
10년 후			
20년 후			

마무리

1. 인도자는 오늘 배운 내용에 대해서 간략하게 정리한 후, 훈련생 개인의 삶에 적용, 도전을 주며 통성기도를 이끌어 갑니다.

2. 마침 기도는 훈련생이 하도록 합니다. 마침 기도에 대해 미리 마음의 준비를 해 올 수 있도록, 한 주 전에 정해서 알려 주도록 합니다.

Memo

Memo

Memo

Memo

Memo

Memo